给孩子的费曼学习法

和渊 著

江苏凤凰科学技术出版社 · 南京

前测题

亲爱的读者，在你翻看这本书之前，我想请你做一做这套测试题。这是一套前测卷，需要你在读书前做完。前测在教育学和心理学的实验中非常有意义。当你读完这本书的时候，同样需要完成一套后测卷。这样，你可以对比一下阅读前后的答案，看看你通过这本书掌握了多少内容，在学习时发生了哪些变化，是否真的可以做到学以致用。

下面让我们开始前测的问答，你可以把你的答案写下来，也可以用录音笔把你的答案录下来。

（1）你听说过费曼吗？用简单的语言描述他是做什么的。

（2）费曼提出了一种高效的学习方法，你知道具体是什么吗？

（3）你在平时学习中是如何做时间管理的？怎样规划自己的时间的？是否能够按照规划执行？曾经遇到过什么问题？

（4）你上课听讲时是如何记笔记的？你感觉自己听讲的效率高吗？

（5）平时回家准备做作业的时候，你是先复习再写作业还是直接写作业？

（6）你在背课文或古诗的时候，有没有觉得总是记不住？有尝试过一些记忆方法吗？

（7）你是否有过这样的经历：向别人讲授某个知识点后，自己对这一知识点的印象更深刻了？

（8）你了解刻意练习吗？知道刻意练习的一些具体方法吗？

（9）你在复习功课的时候，做过思维导图吗？这是否已经成为你的学习习惯？

（10）你有自己的错题本吗？你的错题本是怎么使用的？能拍照留存吗？

前言
好学生的学习方法都是相似的

作为老师，我希望我的学生成绩能快速提高。为此，我曾找来考上清华大学、北京大学的学生给学弟学妹分享经验，声势浩大地组织了一番。学长学姐们口若悬河地分享了很多，听讲的学弟学妹们若有所思。尴尬的是，一些同学听后对我说，学长太厉害了，但是人家的学习方法对我不适用。

我想想，也对。每个人的学习方法都不一样，A 同学的个体经验很难复制到 B 同学身上，那有没有一个普适又高效的学习方法呢？作为一个老师，在不断读书的过程中，我兴奋地发现了一套简洁、高效且通用的学习方法：费曼学习法。

费曼学习法被誉为“学习的终极大法”，据说是世界上公认的最好用的学习方法之一，它能让学习者在最短的时间内弄清楚一个概念或搞清楚一个问题。

不知道你有没有这样的经历：写作文的时候，总觉得积累的素材不够用，或者写出来的文章平淡乏味、词不达意，总也得不了高分；数学课上，老师分析题目的时候，你听得津津有味，觉得都懂了，但是自己做题时还是不会；学英语就更是这样，看得懂，写不出，听得懂，说不出，脑子里电光火石，到了嘴边就剩只言片语了；考前复习时，觉得自己都会了，可是一上考场，就突然这也想不起来，那也记不清楚……

费曼学习法专治上面提到的各种学习问题。它分为四步：明确目标、教授他人、查漏补缺、回顾精简。也就是说，我们在明确了学习内容的目标后，通过教授他人的方式，找到自己的不足并且重新学习、整理反思，最终达到能用最简单的话语把内容解释清楚的程度，这样才是做到了知识的内化。这一学习法的核心就是教授他人，让我们完成从“了解某个事物的名称”到“了解某个事物的本质”的转变，是主动学习的一种最重要的方式。

费曼学习法有很深刻的脑科学原理。**我们听了很多课、读了很多书却没起效果的重要原因之一就是输入过剩但输出不足，而仅有大量输入的学习只是一种虚幻的自我满足，并没有完成学习的闭环。**要实现对知识的真正理解，需要我们反复地进行输出训练，把“写在书上的知识”变为“长在脑中的知识”。通过输出，我们的内在隐性思维能够完成“显性化”；通过输出，我们能够不断加深提取记忆，完成神经元连接的整合和重构；通过输出，我们能够理清思路，完成知识的结构化和系统化；通过输出，我们可以发现自己的问题，找出自己没学明白、没讲明白的地方，有针对性地进行查漏补缺。

我把费曼学习法推荐给我的学生，要求他们回家后自己扮演老师的角色，把学到的知识教给自己的父母，并且要录成视频作为作业提交。学生们使用这一方法后，成绩进步得很快。曾经一位家长在家长会后专门找到我说，因为我布置的这项作业，孩子的成绩有了显著提高，也越来越爱学习了。这种成就感不仅让孩子的学习过程形成了正反馈，还让他们的亲子关系更加和谐了。

这么好的方法为什么不让更多的人受益呢？于是我萌生了写这本书的念头。

本书第一章简要地介绍了费曼学习法的内容及背后的脑科学原理，又对费曼学习法的步骤进行了一一介绍。

第二章主要讲费曼学习法的第一个步骤——明确目标。我先从为什么要学习谈起，聊聊我们的学习动力，以及如何根据 SMART 原则制订目标，如何制订日程表，如何做好时间管理和精力管理等，并利用具体案例，演示如何按照“目标—日程—任务—时间”的顺序，将时间颗粒度逐渐缩小，手把手教你做好时间规划。

第三章和第四章讲费曼学习法的第二个步骤——教授他人。这一步是费曼学习法的核心，因此分成“输入”和“输出”两个部分细讲。输入和输出是相辅相成的。只有先输入，才能有输出；通过输出，我们可以非常高效地找到缺漏之处，让再度输入有的放矢；而优化后的输入又能促进我们更好地输出，从而形成一个不断自我成长的循环。因此，第三章我重点讲了预习、听讲、复习和记忆的一些重要的输入方法。第四章，我从“讲—说—写—做”几个方面讲了输出的几种不同方法。输出的关键在于持续行动，最忌讳的就是“道理我都明白”，却什么都不做。输入是“知道”，输出是“行动”，只有真正“知行合一”，学习才能发生。**检测学习效果的最终途径是你是否有能力传播给更多的人。**

第五章讲费曼学习法的第三个步骤——回顾学习。就是在输出的过程中发现问题并查漏补缺的方式。我结合最前沿的脑科学、神经科学、认知科学等方向的研究成果，讲解了刻意练习的方法，从

“思维导图”和“错题本”等方面教给你查漏补缺的具体操作步骤，让你不仅能够完成知识的闭环，还学会完成考试的闭环。

第六章讲费曼学习法的第四个步骤——内化精简。费曼说：“如果你不能用简单的语言给一个外行解释一个东西，你就没有真正理解这个东西。”这就是内化精简。在这一章，我将会教你如何利用二元对立论来精简一个概念，如何用检索归纳的方法把一本书读薄，以及我们在学习中常用的图形工具。

学习的本质是驯服大脑，费曼学习法是驯服大脑最有效的方法之一。费曼学习法的核心是教授他人，只有通过输出，才能真正理解一个知识，才有办法对真实世界产生影响。真正和自我成长有关的，是我们的输出。列夫·托尔斯泰说：“幸福的家庭都是相似的，不幸的家庭各有各的不幸。”我想套用这句话：好学生的学习方法都是相似的，学习不好的学生学习方法各有各的不同。希望你能利用好费曼学习法这一工具，披荆斩棘，努力向前，成绩取得进一步飞跃！①

和渊

2022 年 9 月 10 日

① 本书为《人大附中指向核心素养的深度学习教学改进项目》研究成果。

目录

费曼学习法是一种高效的学习方法，被称为“学习的终极大法”，是世界上公认的最好用的学习方法之一。费曼学习法可以分为四步：明确目标—教授他人—查漏补缺—回顾精简，其核心是教授他人，就是给别人把一个概念讲清楚、讲明白。为什么费曼学习法这么神奇？这四步到底是什么意思，如何应用？本章就来做一个概述。

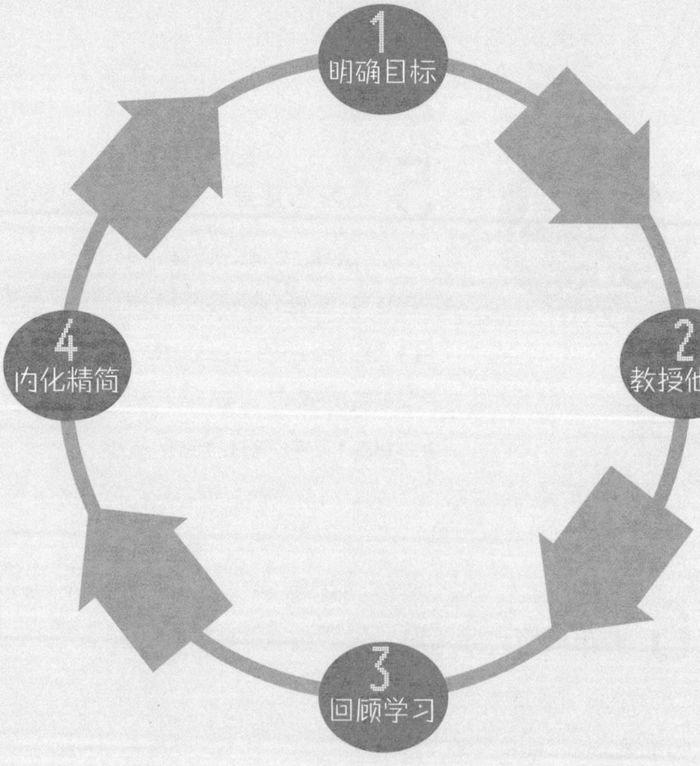

1 费曼学习法为什么行

影响费曼一生的学习技巧

理查德·菲利普斯·费曼是一位美籍犹太裔物理学家，加州理工学院物理学教授，因为在量子电动力学方面的成就获得 1965 年诺贝尔物理学奖。

费曼 13 岁就学完了我们 20 岁也不一定能学好的微积分，高中毕业后进入了著名的天才聚集地——麻省理工学院学习。之后，费曼参与了曼哈顿计划，这个计划旨在完成原子弹的秘密研制，集中了当时西方最优秀的核科学家，此时的费曼才 24 岁。同年，他拿到了普林斯顿大学的物理学博士学位。他不仅学术造诣很深，而且精通多门语言，音乐方面的才能也非常突出。

哇！这么年轻能做这么多事情，而且每件事情都做得那么好，那他一定是个天才！

其实不然。我们普通人的智商范围是 90~120，而天才的智商至少是 145。费曼的智商也就刚刚超过 120，远没有达到天才的程度，但是就是这么一个人，却能达成如此的成就，是什么原因呢？

这是因为费曼有一套神奇的高效学习法，他的这套方法来源于他的父亲。在费曼小时候，父亲麦尔维尔经常给他讲科学知识，有一次父亲给他读《不列颠百科全书》（*Encyclopedia Britannica*），书中说："恐龙的身高有 25 英尺（约 7.62 米），头有 6 英尺（约 1.83 米）宽。"读到这儿，爸爸停了下来，给小费曼解释这些数字该怎么理解。他说："假如那家伙闯进了咱家的院子，它那么高，头直接能伸进咱们家楼上的窗户里。但是，它的头太大了，比窗户还大，如果它硬要把头伸进来，一定会把窗户弄坏的。"这么一说，小费曼马上理解了恐龙有多高，恐龙的头有多宽，对恐龙的体形有了形象的认知。

费曼的爸爸把抽象难懂的数字转化成简单具象的、能让小费曼理解的东西，这对费曼来说受益终身。

把知识长在大脑里的四个步骤

由于父亲的言传身教，费曼发展出了一种特殊能力，能把非常复杂的观点用简单的语言表述出来，让别人一听就懂。大多数教授以做科研为主，不太愿意讲课。但是费曼却非常喜欢讲课，也很擅长讲课，经常把深奥的东西讲给其他人听。他发现，通过不断地讲解，他对这些艰涩的物理概念有了越来越透彻的理解，讲解也越来越省力。

他开设的物理课程受到学生们的热烈欢迎，甚至走出校园，在全美国产生了巨大的轰动。很多大企业家，比如特斯拉的创始人埃隆·马斯克、微软的创始人比尔·盖茨、谷歌的创始人拉里·佩奇等都是他的粉丝。费曼曾说，教师如果给别人讲不明白，其实是自己没有真的搞懂。

费曼的这套学习技巧就是费曼学习法，这套方法适合于在弄明白一个概念是什么意思的时候使用，能够让我们完成从“了解某个事物的名称”到“了解某个事物的本质”的转变。费曼学习法可以拆解成以下四个步骤。

（1）明确目标

明确目标，狭义地说就是知道我们要学习的内容是什么、要解决的问题是什么。这样带着问题去思考能够让自己进入一个主动的、积极的学习状态。广义地说，不仅要知道自己在学习什么知识点，还要学会给自己制订计划。特别是在任务比较艰巨、自己不愿意主动学习的时候，制订合适的短期、中期、长期的学习目标至关重要。

有了清晰的目标，再借助预习、提问、笔记、记忆以及复习等学习方法及工具，我们就可以高效地完成学习任务。

（2）教授他人

我们做老师的有个心得：给别人讲授时，自己的学习速度反而是最快的。当我们以教师的身份把知识教给他人的时候，不仅对要讲的东西要够熟悉，还要有逻辑、有条理地把知识表达出来。所以，在教别人的过程中，我们是收获最大的，学习也是最快速的。

检测学习成果的唯一标准是有能力把知识教授给其他人。教学不仅是一个输出行为，还是一个漏洞反馈系统，它可以帮助我们很快地发现不足的地方，促进我们对这个知识点的认识更新。

（3）回顾学习

我们在讲述的过程中，发现某个地方想不起来，某个地方卡壳了，某个地方顺序颠倒，某个地方逻辑混乱——这些就是我们还没弄懂的地方，一定要揪住不放，把这些漏洞记下来，再回去对照课本、笔记或者习题册，重新学习，整理反思，直到搞明白为止。

（4）内化精简

当我们对一个知识点了如指掌的时候，就能把这个知识点的核心内容压缩成几句简单的表述。这样，在不断地对记忆进行压缩加工后，我们对一个知识点的核心理解就会越来越深刻，最终内化为我们自己的东西，更加方便我们以后对知识进行储存和调用。

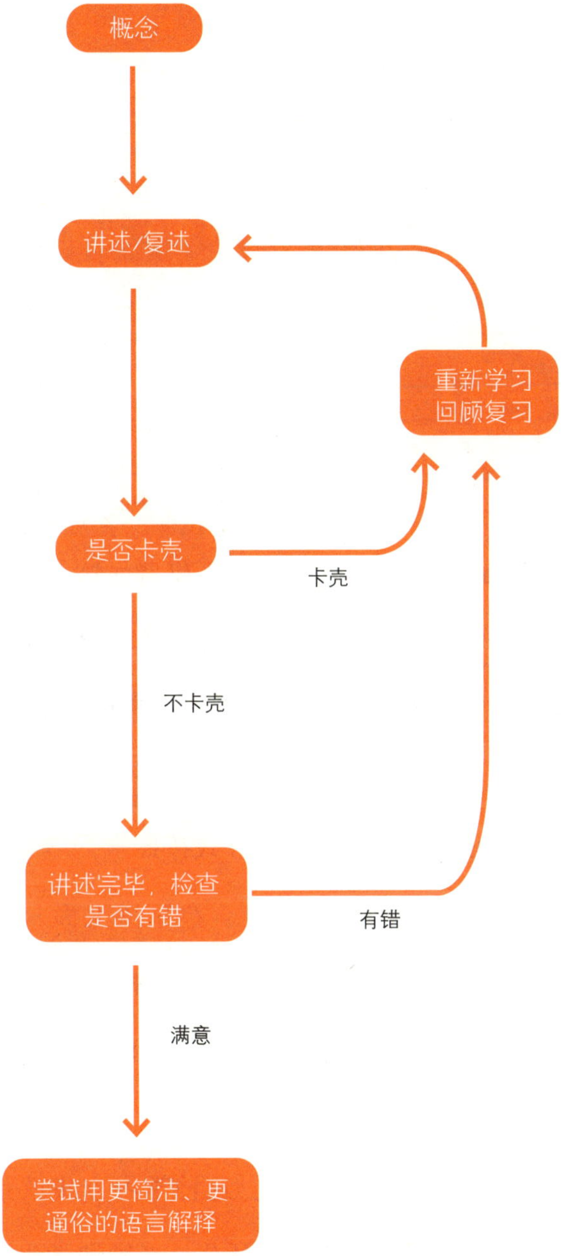

费曼学习法简明使用指南

主动学习的力量

费曼学习法是学习的终极大法，不仅费曼这么认为，也有相应的研究成果证明这一方法是高效的，这就是学习金字塔理论（Cone of Learning）。这一理论是美国著名学习专家埃德加·戴尔在20世纪50年代提出的。

学习金字塔理论把不同的学习方式按照学习内容平均留存率[①]的高低进行排序，分为上下两部分。金字塔上面一部分是被动学习，包括听讲、阅读、视听、演示，留存率在30%以内；金字塔下面一部分是主动学习，包括讨论、实践和教授他人，留存率在30%以上。

在金字塔的塔尖，是"听讲"。这种学习方式就是老师讲、学生听，老师带一张嘴，学生带两只耳朵，老师和学生没有互动，这

① 学习两周后大脑能记住的内容在所学的知识中所占的百分比。

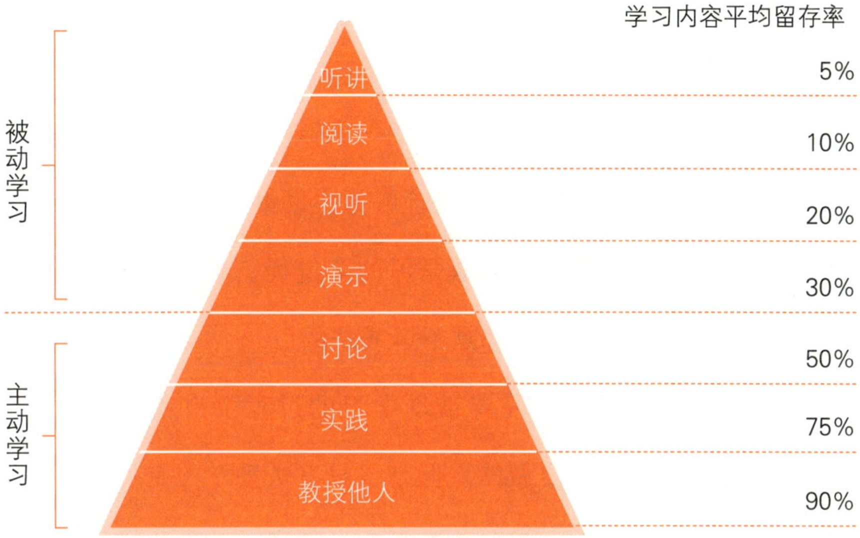

学习金字塔模型

样的教学，课堂的学习效率是非常低的，学习内容平均留存率也是最低的，只有 5%。

而在金字塔的最底部，是“教授他人”。这是费曼学习法的核心，学习内容平均留存率能达到至少 90%，是最高效的学习方式。与教授他人相类似，留存率比较高的方式还有与同学讨论和实际演练等。

尽管一直有学者对金字塔理论持怀疑态度，但主动学习的效果显然优于被动学习的效果。但我们千万不要断章取义，认为既然上课听讲效率不高就不听讲了。这个理论的重点不是告诉你上课不要听讲，而是只用听讲的方法不够，也不是排斥传统的阅读、演示等学习方法。我们理解这个理论的本质是：**最高效的学习方法一定是主动学习，主动学习远比被动学习有效得多。**

孔子说：“学而不思则罔，思而不学则殆。”其中“学”可以理解为被动的学习方式，“思”可以理解为主动的学习方式，实际上，两种学习方式相互配合才是高效学习的全过程。当我们学习陌生的知识时，上述两种学习方式都是不可或缺的。

哪怕是主动学习者也需要被动学习的过程，也就是说认真听讲、认真阅读也是必须要做的。但是，只有被动学习是不够的，加上主动学习、积极参与，学习才能高效。注意，这种积极一定是认知上的积极，而不是行为表面看起来的积极。也就是说，如果你和别人讨论问题，一定是讨论前查过资料、做过功课，有一些自己的观点和想法，这样在和别人讨论的过程中才能有所启发和收获。

如果事先不做功课，脑子里并没有与讨论相关的内容，讨论的时候就只能随声附和、人云亦云，这就不叫积极，这就是“被动的讨论”，这种学习就不会高效。还有，同样是听讲，有的学生会带着问题主动思考、积极探索，上课经常能问出很好的问题，这就属于主动的学习；而有的学生看起来心无旁骛，每个细节都听到了，但是他可能只是“听”到了，这就属于被动的学习。

主动学习和被动学习的区别

项目	主动学习	被动学习
学习态度	学习者从自己的意愿出发，带着问题学习，主动思考，有针对性地练习	学习者迫于外界的压力通过书本、老师或者其他人学习知识
学习形式	讨论、实践和教授他人	听讲、阅读、视听、演示
表现形式	认知上的积极： 有针对性地练习自己不会的知识点和题目，挑战自己的舒适区； 讨论前做功课，查资料，有自己的观点和想法； 听课时主动思考、积极探索，经常能问出很好的问题	行为上的积极： 刷了很多题，看起来很努力； 同学讨论的时候随声附和、人云亦云； 听讲的时候只是听和专注于把笔记写好，而没有动脑思考

脑科学的证明

费曼学习法的要义是通过复述概念并反馈结果来加强记忆。这一方法有深层的脑科学原理，它符合大脑的认知规律，让我们的知识从混乱走向有序，让我们的学习从被动记忆走向主动理解。

大脑认知规律

第一个脑科学原理：提取。我们平时听完老师讲授后，知识进入了大脑中，但是不能马上变成我们自己的知识。要想让知识“长”在脑子里，需要我们不断地进行“提取记忆”。所谓提取记忆就是学习者根据当下的线索来回忆目标信息，使得学习内容对应的神经元进行整合和重构。我们每提取一次记忆，就会增加在未来成功提取的可能性，提取越困难，记忆越深刻。

第二个脑科学原理：输出。输出是把学习者的内在隐性思维显性化的过程。通过学习存储到大脑中的知识是零散化的，它们只是放到了大脑里，像一个个砖块。输出，能帮助大脑把知识进行结构化，把一个个砖块砌成墙。只有在被明确表达成观点后，知识才真正开始被理解。

第三个脑科学原理：反馈。输出的时候，学习者会发现自己的问题，明确自己没学明白、没讲明白的地方，其他人在听的过程中也会提出问题和建议，给出及时的反馈。于是，在同学之间进行交流、辩论、彼此说服的过程中，错误就会被改正，逻辑也会更清晰。及时的反馈会增加大脑皮层的活跃程度，使得我们的学习更高效。

所以，通过“提取—输出—反馈”这样的过程，学习者不仅可以把自己的内在思维过程显性化地呈现出来，而且在明确表达的过程中，完成自我修正，实现自我提升。

不过，虽然费曼学习法被称为学习的第一大法，也有充分的脑科学原理，但它不是万能的。费曼学习法有一定的适用范围。

首先，它更适用于复杂的、难以理解的概念和过程，比如数学、物理中比较抽象的知识点。

其次，即使是在学习数学的过程中，也不能完全依赖这一方法。光有对概念的理解，而没有足够的训练也是不行的，这会导致我们在做题时做不对、做不快，出现“会而不对”的情况。

最后，对于一些肢体类的项目，比如足球、绘画、舞蹈等，光会说是不管用的，必须反复练习才能达到掌握的程度。费曼在自己的著作里也提到了这一点，所以，我在本书中不仅要讲费曼学习法的几个步骤，还补充了很多关于练习的内容。

费曼学习法是一种思维方式

在掌握了费曼学习法的步骤和原理之后，我们来看看费曼学习法到底在学习上能起到什么作用。我曾经给学生布置过这样一项家庭作业，要求他们给当天学到的知识点录制讲解视频。连续布置一个月后，学生的进步都很明显，曾经有家长在一次家长会后专门找到我说，在这一个月里，孩子的成绩提升得很快，这种成就感让孩子的学习过程形成了正反馈，孩子不仅越来越爱学习，跟家长的关系也更融洽了。

这项神奇的作业其实就是参照了费曼学习法的原理。而费曼学习法是如何提高我们的成绩的呢？我总结了运用费曼学习法在提升成绩方面的三大作用。

作用 1：提高学习效率

我们做作业的时候可能会磨蹭，或者经常分神，可以用费曼学习法解决这个问题。我们可以和父母约定，每天把在学校学过的知识讲给父母听，我们在回忆和讲述的过程中会不停思考，很容易就专注于学习的任务，进入心流状态，提高学习效率。

作用 2：内化记忆内容

忘记学过的东西是很常见的现象。而使用费曼学习法时，我们能够利用原本已经学习的知识，对记忆进行反复提取，再经过自己的解读，转化为自己的东西，让知识不再只存在于课堂上老师的板书里，而是进入我们的大脑，内化成自己的知识。

作用 3：学会灵活运用

我们在面对综合题目的时候，需要运用到很多知识点来解决一个问题。但是，我们日常积累的知识大多是零散的、非系统的。费曼学习法可以帮助我们发现知识点之间的联系，把相互关联的知识点组织成网络，获得举一反三、综合解决问题的能力。

费曼学习法不仅是一种学习方法，还是一种思维方式。当我们习惯于使用费曼学习法后，它会变成我们认知世界的一种方式，帮助我们终身成长。

因为费曼学习法的底层逻辑要求我们对每一个概念的理解必须从最基本的概念出发，问最基本的问题，用最简单的语言来进行直接解释。对于每一个概念，不是用另外一个概念去间接解释，而是刨根问底，从根源上进行理解。这种思维方式叫作“第一性原理”，就是打破一切知识的藩篱，回归事物的本源去思考问题。

比如，对乘法的解释不应该是“乘法是除法的逆过程”，因为这一解释用了另一个抽象的“除法”的概念，是在用概念解释概念，听的人还是一头雾水。而“乘法是几个相同加数和的简便运算”的解释，就直击了问题的本质，从根本上回答了什么是乘法。

所以，当你使用费曼学习法的时候，你就在不知不觉中运用了第一性原理，认知问题的本质，从而能够有条不紊地解决它。

延伸阅读

第一性原理

古希腊先贤亚里士多德最早提出：“任何一个系统都有一个自己的第一性原理，它是一个基本性命题或者假设，不能被缺省，也不能被违反。”第一性原理就像是建筑物的地基，虽然没人看到它，但是它决定了建筑的一切。

特斯拉的创始人埃隆·马斯克把第一性原理成功应用到商业领域，掀起了颠覆性的商业革命。他在研发电动汽车的时候，发现电池的成本过高是关键性的问题，当时储能电池的成本大概是600美元/千瓦时，业内专家公认这个价格不可能降低太多。

马斯克没有盲目听信专家的观点，他进一步拆分问题，发现电池的组成部分包括碳、铝、镍等聚合物。如果从伦敦期货交易所购买这些原料组合在一起，电池的成本只需80美元/千瓦时，比原先的成本足足降了一个数量级。

马斯克找到了问题的基本事实和本质。据此，他从基础材料着手，采用新的电池排列技术，经过多次试验，终于大幅降低了电池成本。

这就是第一性原理的经典案例。

费曼学习法的第一步是要明确目标，就是要明白我们想要学习的概念是什么，要解决的问题是什么，希望达成的目标是什么。所以，在本章，我们来探讨如何制订学习目标，我会手把手地带你按照“意义—目标—日程”一步步地实践，教你做好自己的时间规划。

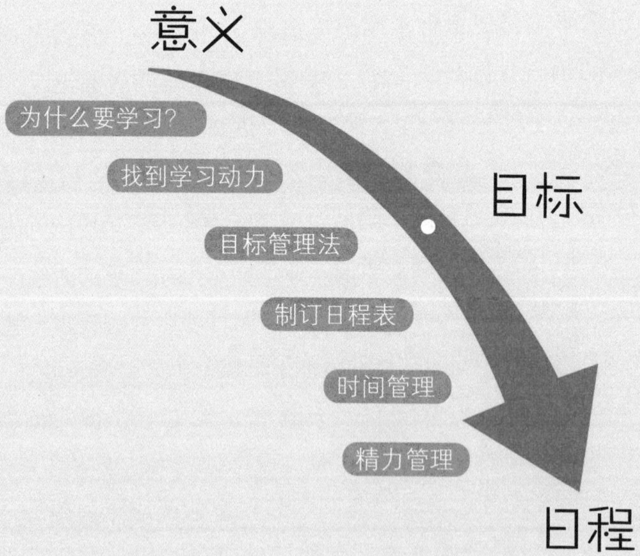

2

明确目标：用愿望倒逼行动

你的学习天性是如何被抑制的？

我们会接触到各种各样的学习方法，这些当然很重要。但是，知道一堆“如何做”是不够的，我们需要解决最底层的“为什么”的问题，就是我们为什么要学习。当我们有了自身驱动的力量，才会想了解“如何做”。

我曾经在学生中间做过一个小小的调查，问他们为什么要好好学习。我鼓励学生说出自己内心的真实想法，又考虑到他们在众人面前不敢讲真话，我让他们匿名写在一张纸上交给我。任何理由都可以，但必须真实。

看到这里，我想请你先不看我的调查结果，想一想你学习的理由是什么。

他们的答案还是挺有趣的，你可以对照一下，看看这里面有没有你的理由。

我把学生的答案整理成了两大类型，一类是说学习是为了取得好成绩，另一类是说为了增长知识。

对第一类认为学习是为了取得好成绩的学生，我继续追问了想要取得好成绩的原因，收到了四类回答。一是想要考上好大学，找到好工作，将来出人头地，改变命运，这是大部分学生的答案。二是学习好能让家长有面子，类似“我爱学习，学习使我妈快乐”。三是想赢，想要超过别人，证明自己。四是希望老师喜欢，希望被别人肯定。

对于第二类认为学习是为了增长知识的同学，我也继续追问了他们想要增长知识的原因，学生的答案多种多样，有人为了长大不上当受骗，不被收割“智商税”，也有人是为了掌握解决问题的工具，还有人是为了形成多元思维模型。在我调查的 200 多个学生中，有一个学生认为，知识本身就很美，学习知识很开心，这让我很欣慰。

从进化的角度来说，其实人是为学习而生的，学习是我们在激烈的竞争中获得生存优势的必要条件。在行为主义流派中，巴普洛夫用小狗做实验，发现小狗能够学习，因为小狗会在“喂食”与“铃铛声音”之间建立联系。斯金纳用鸽子做实验，发现鸽子能够发现“踩机关”与“获取食物”之间的关系。人也是这样，在不断的生存斗争中，学习让自己能够生存下来的本领。不止如此，我们还能从学习中收获愉悦和满足，比如，读一本好书时，你会有一种

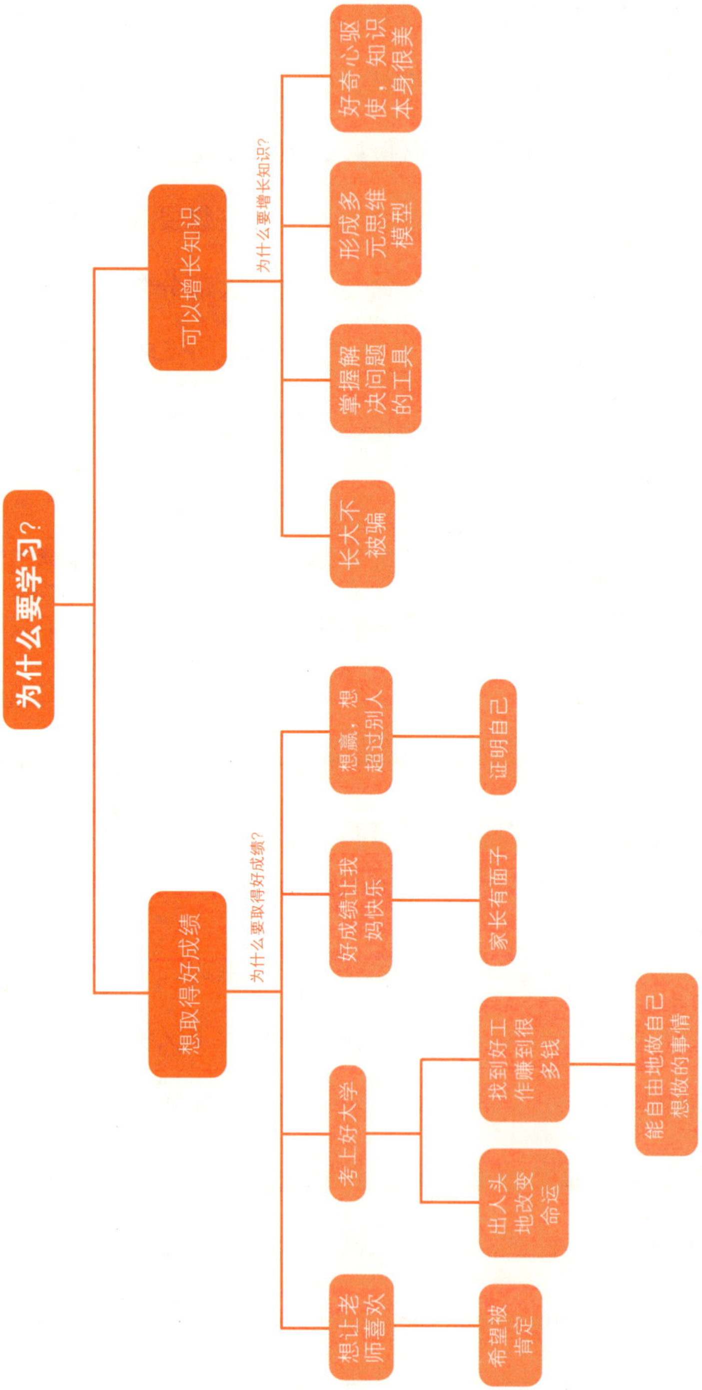
为什么要学习？
可以增长知识
为什么要增长知识？
好奇心驱使，知识本身很美
形成多元思维模型
掌握解决问题的工具
长大不被骗
想取得好成绩
为什么要取得好成绩？
想赢，想超过别人
证明自己
好成绩让我妈快乐
家长有面子
考上好大学
找到好工作赚到很多钱
能自由地做自己想做的事情
出人头地改变命运
想让老师喜欢
希望被肯定

“为什么学习”调查结果

与作者相谈甚欢的感觉，做出来一道数学难题时，你会有一种恍然大悟的感觉。

但是，我发现有些学生不爱学习，这又是为什么呢？现在分数对学生升学非常重要，学生在学习的时候会更加关注最后的结果，而不是学习的过程。激烈的竞争、较高的教育回报率导致了学习的功利化，让学生认为好成绩等于好工作，好工作等于未来的好生活。

当然外部激励也会给人带来“正反馈”，成绩越好，越受到周围人和环境的激励，于是成绩就更好，形成良性循环。但是，一个班中成绩好的同学就那么几个，也总有人是最后一名，排名靠后的同学就很难得到老师的赞赏和同学的崇拜，在学习上获得不了成就感，这些负面影响被不断强化，形成恶性循环，于是不爱学习就是正常现象了。

那我们有什么方法，不依靠外在的评价指标，从内心中升华出对学习的热爱，找到自己学习的内驱力呢？

自我驱动的力量

我曾经教过一个学生，成绩很不错，中学毕业后去了 C9 的大学。因为听大家说金融是最赚钱的行业，他就选了金融专业。临到本科毕业的时候，因为大家都在读研，他也准备继续读研，打算在研究生期间，申请国内券商或者国外投资银行的实习工作。工作几年以后，他又回来看我，跟我讲，他看着他的领导们，虽然每天穿着光鲜，出入五星级酒店，收入也很高，但是工作特别辛苦，不是加班就是出差，经常凌晨还在开电话会议，每天都在拼命工作。他说他现在很迷茫，可以看到自己的未来就是成为他们的样子，这并不是他想要的生活，他该怎么办。

“好成绩”“好工作”“赚大钱”都是外在的评判指标，当我们不断去追逐这种外在认可的时候，很多时候会忘记我们到底为什么去做这件事。外部激励会给我们带来快乐，但是不可持续，终究有一天，我们会感到困惑和迷茫，重新去思考努力的意义。我们如何才能向内探索，找到源于自身的学习动力呢？

心理学界有一个理论叫作自我决定理论，由著名的心理学家爱德华·德西和理查德·瑞安共同提出。他们通过大量的实验观察和数据分析，认为当人们做某件事情不是为了完成某个外部目的的时候，更有可能激发内心的力量，并达到满足和快乐。

自我决定论认为，所有人都有三个基本心理需求：归属需求、自主需求和胜任需求。如果这三种心理需求得到了满足，就能促进人们内在动机的形成。这些需求通常是在亲子关系中由父母提供给孩子的，我将其做了转化，把主语变成了我们自己，建立了自驱力的模型，对应起来就是：意义感、好奇心和自信心。

好奇心。好奇心是一切的基础，它不仅能让我们的大脑更加集中注意力，提高思维的信噪比，还能使我们产生创新的想法，更能加深我们的记忆。其实，知识本身就很美，当我们静下心来去探索的时候，一定会有“哇”的感觉——不信，你看看爱因斯坦是如何从数学公式中推算出黑洞和引力波的存在的。如果我们是从好奇心出发的，那么我们的学习就会是“自主”的，并不需要逼着自己来完成这件事情。

自信心。自信心就是相信我们自己能行，无论遇到什么困难，我们都有能力、有信心去克服困难。我的学生也会在失去信心的时候找我倾诉，这种情况下我经常使用一种方法，就是让他回想过去

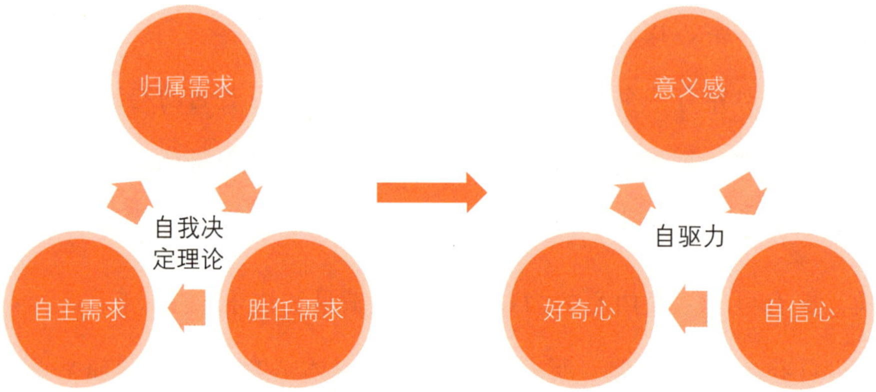

自驱力模型

人生经历中最成功的一件事情。我坚信，成功是成功之母。学生找的这件事情通常是生活和学习中的小事，比如钢琴十级考试顺利通过，画水粉画得了全市第一名，等等。学生能够从这件事情中去汲取正能量，让一次次小小的成功给自己树立信心。

意义感。意义感这个词很大，我们经常会觉得它很空洞。其实很多成年人也想不清楚人生的意义到底是什么。我在近些年的教学过程中发现，未成年人的“无意义感”越来越强烈，学生们经常会和我探讨的话题之一就是“活着有什么意义”。对于这个问题，我读过一本书，在探讨生命的意义时，作者讲述了他人生的“小我”和“大我”。“小我”是在追求世俗意义上的成功，比如好成绩、好大学、好工作、高薪水、大房子等。但是，人生其实还有第二座山可以爬，那就是突破“小我”，帮助他人，追求更大的使命和价值，把自己的价值与社会需要、民族发展联系在一起，这才是终极的自我实现。

找到生命的意义感很重要，不过，它对于中小学生可能有点遥远。那怎么把意义感落地呢？这要求我们把意义进行拆分，分阶段地形成一个个的目标，所以，我们在接下来的章节中就讲讲目标管理。

用“三区理论”有效制定目标

我们在开始学习前，要根据自己的认知能力、学习进度等，选择适合自己的学习内容。如果实现目标的难度太大，超出我们的能力，我们可能会产生畏难情绪，不敢去做。但如果实现目标的难度太小，我们又会觉得做起来太轻松了，无法点燃我们的斗志，不愿意去做。

在认知科学领域，有一个被广泛认可的“三区理论”，理论的创造者是美国密歇根商学院教授诺尔·迪奇。他把知识和技能的学习分成了一环套一环的三个圆形区域，分别是舒适区、学习区和恐慌区。

模型的最内层是舒适区，这个区域中的学习没什么难度。如果我们把自己的学习局限在舒适区，可能表面上非常努力，其实进步的空间并不大。周而复始地重复学习早已掌握的内容还会给我们带来一些负面的影响。其一，这会让我们误以为自己已经掌握了所有的知识，不觉得有什么需要自己再去学习的，放松了对自己的管理；其二，这样总是刷一些简单的题目，会让我们感到学习非常无聊，丧失了解决问题的激情和动力。

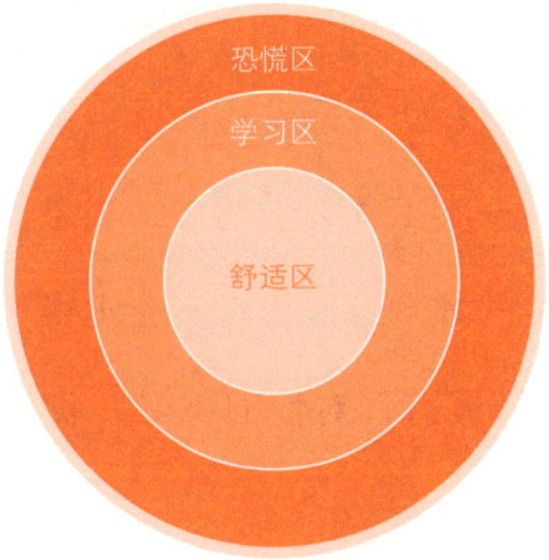

“三区理论”模型

模型的最外层是恐慌区，这个区域的知识学习起来难度太大，会导致我们对学习产生恐慌情绪。我曾经看到一则新闻：一位博士爸爸逼着自己上初中的女儿学习微积分，孩子每天学到深夜，学不会的时候还会挨骂。这是典型的揠苗助长。要知道，数学的学习其实是非常连贯的，它就像编织紧密的网，所有概念和技巧被逻辑严密地编织在一起。我们是先在数轴上认识自然数，然后是分数，最后是有理数，这些数的发展过程是连续的，分数建立在自然数之上，有理数建立在分数之上。在初中数学的基础上学习微积分，无异于建造空中楼阁。同时，从生物学的角度来讲，我们的成长是有规律的。学习超纲的内容不符合认知规律，超出了孩子实际接受的能力，这种做法会严重干扰孩子正常的成长节奏，导致孩子产生严重的挫败感，觉得自己再怎么努力成绩也不会好。如果这样长久下去，孩子不但容易产生厌学心理，还可能自暴自弃，好奇心和探索欲就在一次次错误的教育中被消磨殆尽。

在舒适区和恐慌区的中间则是“学习区”，这才是学习发生的地方，也是我们实现持续进步的关键所在。比如，作为一个生物学博士，如果让我去读一本工程力学的书，我恐怕是看不懂的；但让我看一本写给小学生的数学书，我肯定会觉得很无聊。只有我们身处“学习区”，并且开展有针对性的练习，我们的学习才是真正有效的学习。

学习区是一个充满挑战和新知识的环境，通过主动接受新的学习任务和挑战，我们能够不断扩展自己的知识和技能。同时，接纳失败和挫折也是学习的一部分。通过面对挑战和失败，我们能够学会从中汲取经验教训，并找到解决问题的新方法。这种成就感和信心也会逐渐积累，我们能更加乐观和自信地面对学习和生活中的新挑战。

我在清华大学读博士期间，选修了法语，这对我来说是一个挑战，需要学习大量新的词汇、语法规则和发音，但正是由于需要不断思考和运用法语来表达，我会不断练习，努力寻找不同的表达方式和交流策略，这反而让我学得很快，没到半年就能进行简单的对话，而这又进一步增强了我的信心，让我愿意尝试更复杂的语言任务，并更加自信地与他人用法语交流。

三区理论与著名的儿童心理学家维果斯基提出的“最近发展区理论”不谋而合。最近发展区理论认为，学生的发展有两种水平：一种是学生的现有水平，是指学生独立活动时能达到的解决问题的水平。第二种是学生潜力水平，就是在老师的帮助下学生能完成的水平。现有水平与潜力水平之间的区域就是最近发展区。最近发展区和上面提到的学习区基本一致，指那些稍微有点难度、跳一跳能够得着的东西。在这一区域内学习时，我们不仅更有积极性，还更容易专注，学习的效率也更高。

学习目标的难度到底怎样才算合适呢？有没有衡量的标准呢？有一项专门的研究，题为《高效学习的 85% 规则》，文章中指出，由于我们的新知识都是建立在旧知识的基础上的，所以，当我们学习一个新知识的时候，如果其中有 85%① 的内容是已知的，那么就能激发学习者的好奇心，帮助学习者专注于学习。如果新学习的知识大于 15%，人们可能会觉得太难而放弃；如果新学习的内容小于 15%，又会让人觉得无聊，也不愿意学下去。这个规律也被称为“85% 定律”。

85% 定律在很多地方都有应用，特别是游戏行业。游戏之所以那么让人着迷，就是因为游戏的设计者们深谙这个理论，他们会把游戏的难度比设置在 15% 左右，让游戏玩家总能找到刺激。我

① 这个85%也是因人而异的，85%只是一个平均数，不可一概而论。

们要是把这个定律用在学习上，一定会对我们成绩的提升有很大的帮助。

比如，我们做英语阅读的时候，合适的阅读材料的生词量应该在 15% 左右。不用一个个去数，我教你一个“五个手指法”。当我们拿到一本绘本或者一篇阅读理解材料时，伸出 5 个手指，看一下手指覆盖的地方是不是大概有 4/5 是认识的，如果是，那么说明这篇阅读理解就是合适的。

延伸阅读

要不要去最好的班？

很多家长在孩子入学的时候都想让孩子去一个好点的班，认为班里都是好学生，这样可以带动自己孩子的学习。我不知道你是否同意家长这样的做法，我是不太同意的，我认为适合的才是最好的。如果孩子去了最好的班，因为老师讲解难度深，孩子上课听不懂、考试总考班级的最后一名，长此以往，孩子会不会很难过，丧失了学习的信心呢？所以，如果你有这方面的苦恼，不妨把这一讲的内容说给父母听。

用“聪明原则”管理你的目标

哈佛大学做过一项很著名的跟踪调查，主题是目标对人生的影响。这项调查选取了一群智力、教育背景和成长环境相似的年轻人，从中进行抽样，来尽量排除其他因素的影响。在这群人中，3% 的人有十分清晰且明确的长远目标，10% 的人有清晰且明确的短期目标，大概 60% 的人有比较模糊的目标，还有 27% 的人没有什么目标。

研究人员追踪了这些年轻人 25 年后的发展，发现有明确长期目标的人成为了各行各业的领袖人物，有着短期目标的人也过得不错，凭借踏实的努力成为了各行各业不可或缺的人才，比如医生、律师、工程师等。目标模糊的人大多处于社会的中下层，能安稳地过日子，没有什么特别的成就。而没有目标的人则大多数生活得很不如意，贫穷、失业伴随着他们。

智力、学历和生活环境都十分相似的人，竟然由于目标的不同，有着迥然不同的生活境遇，由此可见目标对于我们的重要性。

我们在日常的学习中该如何进行目标管理呢？这里，我们可以借鉴管理学大师彼得·德鲁克的智慧。他在著作中提出了目标管理的“聪明原则”（即“SMART 原则”），就是以目标为导向，以终为始，进行倒推的一种“自我控制”。

“SMART”这个名字由五个英文的首字母组成，其中，“S”代表明确具体的（Specific），“M”代表可度量的（Measurable），“A”代表可实现的（Attainable），“R”代表相关联的（Relevant），“T”代表有时限的（Time-bound）。

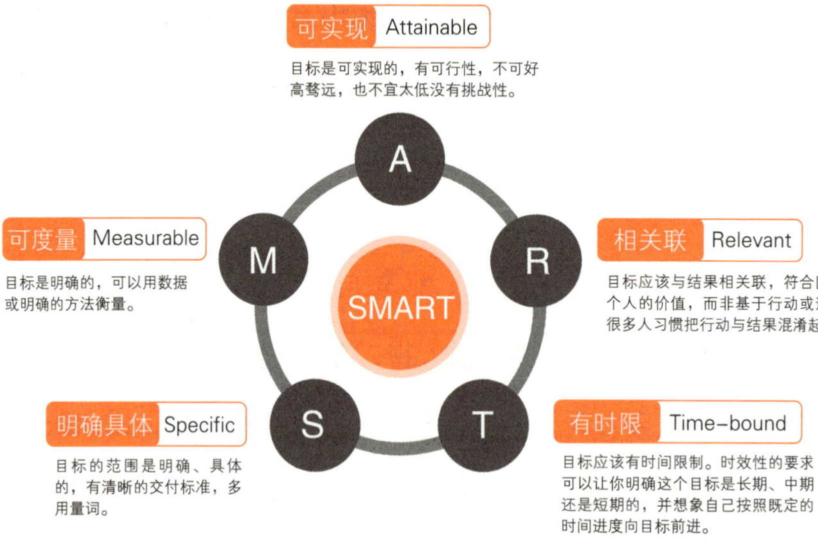

SMART原则

S（Specific，明确具体的）： 目标要清晰、具体，能够用简明易懂的语言说清楚要达成的目的，不要太笼统。而且，目标也是分层次的，大的目标一定要拆分为多个小目标或关键任务，这样才便于执行和跟踪。比如，“学好英语”就是一个模糊的目标，“托福考试考到 110 分以上”就是一个明确的目标，这个目标需要我听力达到 28 分，口语达到 26 分，阅读达到 29 分，写作达到 27 分，这些就是我们的小目标。“英语成绩从 100 分提升到 120 分”也是明确具体的目标。

M（Measurable，可度量的）： 目标必须是可以度量的，是可以用具体的指标或明确的方法进行衡量的，这样能让我们看到每个阶段的进展。比如，在上文例子中，如果听力要达到 28 分以上，那么我要完成至少 80 套听力题；口语和写作想要达到目标，那么我需要提前准备 50 篇主题不同的素材；阅读要达到 29 分，我的词汇量需要达到 8000 以上等。

A（Attainable，可实现的）： 目标是可实现的、可执行的，不要设定得太高，否则实现不了，打击自信；当然也不能太低，太低就达不到让我们进步的目的。最好遵循前文提到的三区理论，不要好高骛远。

R（Relevant，相关联的）：我们要理解目标与行动之间的关系，找准原因，对症下药。例如，如果我们英语听力不好，可能是因为词汇量有限，如果在语法上下功夫，这就是不相关的。在确定相关性的时候，我们还要这样问自己：这是我自己设定的目标吗？是发自我内心想要达成的愿望吗？我愿意全力以赴完成它吗？我们的时间、精力是有限的，当我们选择了一个目标以后，就要全身心投入，不要这山看着那山高。要明白机会成本的意思，当我们选择了一件事情，就意味着放弃了其他可能性。比如，如果我们打算高考，那考托福意义就是不大的；而如果打算出国，那么，就要研究清楚相关的语言和入学考试都是怎么回事。

T（Time-bound，有时限的）：学习目标必须是有时间限制的，我们必须给自己的目标定一个截止日期。根据学习任务的权重、事情的轻重缓急制订完成的时间，然后定期检查自己的任务是不是能完成，是否需要动态调整。在目标规划表中，对于进展的控制是一个很关键的环节，我们可以在截止日期之前设定几个关键时间节点，这样能让我们的日程更加灵活，以免出现一些不必要的失误。

根据以上原则，我们可以从与目标相关的内容开始，仔细思考如何根据 SMART 原则制订自己的目标，然后根据要实现的目标加入具体的步骤和检查点，定期检查自己的完成进度。

目标一定要自己制订，这样才有执行的动力。制订完成之后，可以把目标规划表贴在自己的书桌上，让自己随时能看到，提醒自己应该进行到什么阶段了。学习目标规划表不用写得太细，简要记录即可，下面给你提供一份学习目标规划表的模板，并以一年级暑期学习计划为例，提供一个暑期学习目标规划表的示范。

学习目标规划表

制订人：______ 制订日期：______ 开始日期：______ 截止日期：______

学科	目标事项	行动计划		进展控制			
		步骤	预期结果	关键时间节点1	调整和改进措施	关键时间节点2	调整和改进措施
语文				完　成 □ 未完成 □		完　成 □ 未完成 □	
数学							
英语							

示范：一年级暑假学习目标规划表

制订人：小明　制订日期：2023.6.28　开始日期：2023.7.15　截止日期：2023.8.30

学科	目标事项	行动计划		进展控制			
		步骤	预期结果	2023.7.21	调整和改进措施	2023.7.28	调整和改进措施
语文	1.上书法课，练习写字 2.自主阅读	1.每天认真写3个字，每个字写10次 2.每天读20页书	1.写好147个字 2.读完《爱丽丝漫游奇境》《小布头奇遇记》《小王子》三本书	完　成 ☑ 未完成 ☐	认真写完21个字，《小王子》读了一半	完　成 ☑ 未完成 ☐	认真写完42个字，《小王子》读完
数学	熟悉9以内的乘法口诀	每天练习3组，每组20题口算	20个口算题目达到30秒完成	完　成 ☐ 未完成 ☑	6-9的不熟悉，要加强	完　成 ☑ 未完成 ☐	
英语	读RAZ-F绘本	每天读2本	读完RAZ-F，要达到每个绘本的测试题最多错2题	完　成 ☑ 未完成 ☐	此阶段任务达成，继续保持	完　成 ☑ 未完成 ☐	

用日程表拆分目标

前一节我们讲了如何制订目标，这一节我们要更加细化，对目标进行进一步的拆分，把一个学期的任务分配到每一天，制订日程表，这样，我们做起来就会有抓手，日积月累，日拱一卒，每天都能进步一点点，最终的目标才能实现。

我们就以上述暑假的目标为例，来上手制订你自己的日程表。

第一步，了解自己的时间分配。在开始制订日程表前，我们需要先了解自己每天要做什么事情，例如学习、吃饭、睡觉、运动等，以及做这些事情需要花费多长时间。我们可以把一个圆 24 等分，对应一天的 24 个小时，再把每天要做的事情及占用的时间填入，然后通过评估这个表，反思自己能否有效地利用时间。这种记录和反思，会督促我们做出一些改变。举个我自己的例子，我的手机每个周末都会给我一个提醒，告诉我这一周手机平均每日使用时间。我们平时在使用手机的时候，是不会注意到自己用了多久的，但有一次，我发现，我这一周平均每天花在手机上的时间居然有 4 个小时！我马上仔细分析了那一周我到底用手机做了什么，调整了

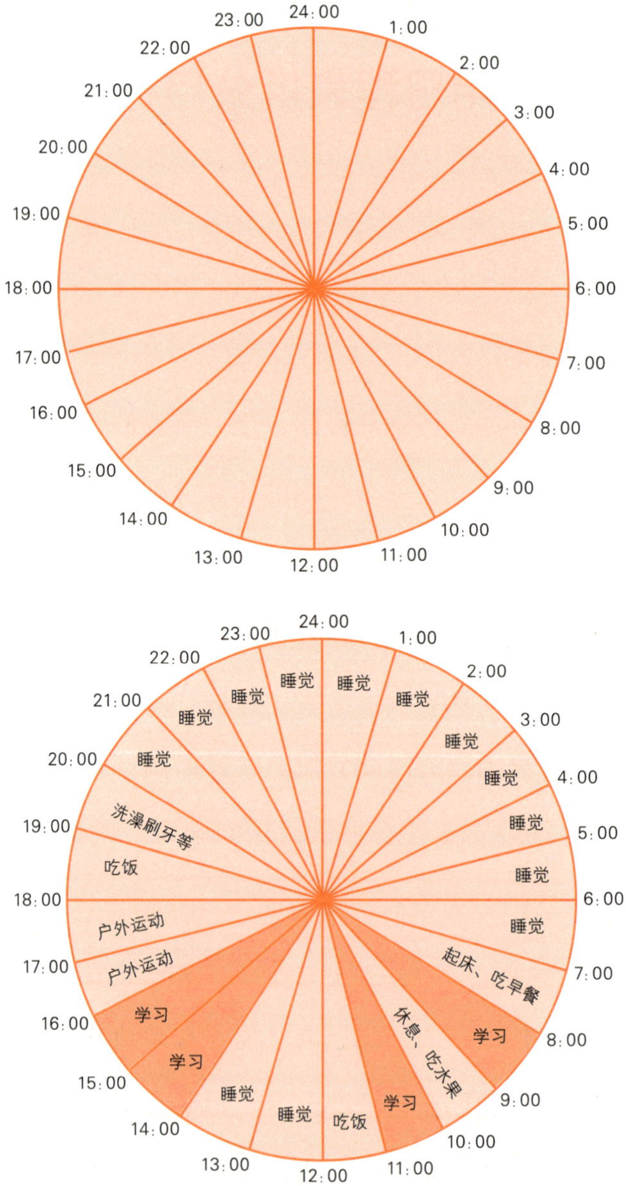

一天的时间分配

时间分配，减少了之后购物、聊天的时间。你看，只有了解自己的时间分配，才能意识到问题所在，这样就可以帮助我们更合理地规划时间。

第二步，分解目标，列出每日任务清单，并估计完成每个任务所需要的时间。根据自己的暑期目标，列出自己每天必须完成的事情，并估计大概的时间，如下表所示。

每日任务清单

学科	事项	时间
语文	临摹字帖，认真写字	上课15分钟，练习30分钟
	每天读20页书	读书50分钟
数学	背诵乘法口诀，并每天练习3组，每组20题口算	背诵口诀15分钟，练习20分钟
英语	每天读2本RAZ-F绘本	每本绘本读15分钟，共30分钟
	做绘本课后测试题	做题20分钟

根据上述表格，我们可以计算出，每天语文学习占 95 分钟，数学占 35 分钟，英语占 50 分钟，总共加起来是 3 个小时。对照上页图中我们每天的时间分配，学习的时间应该是 4 个小时，所以还

需增加 1 小时的学习任务。

很多时候，我们发现设置的学习时间与我们的任务是不匹配的，那该怎么办呢？这就需要我们重新审视自己的时间分配和任务安排。是不是时间分配不够合理？是否需要调整看电视或打电子游戏的时长？还是我们在写作业的时候太磨蹭，浪费了很多时间？或者我们给自己安排的任务会不会太多了？通过这样的动态调整，我们的任务才能和时间匹配起来。

注意，日程表不要排得太满，要给自己留出思考、总结、反思、改错等的时间，我们也需要在学习之余有放松的时间，大脑放空一段时间对我们的学习反而是有利的。

第三步，将具体任务填入每日时间表中。现在我们已经知道自己每天要做什么，每天大概需要多久的时间完成这些事情，就可以把具体的任务填入每天的日程表中。填入每项任务的时候，要注意各门学科之间的时间分配，最好在自己精力最旺盛的时间段去攻克比较困难的任务。早上 9 点左右是我们学习的黄金期，如果数学是你的短板，这个时候最好先学习数学。

我们一定要经常查看日程表，以确保每天的任务没有遗漏或者偏离目标。我们制订了日程表后，如果发现不合适了还能改吗？当然能！日程表的制订和执行一定是一个动态调整的过程，在日程表开始执行的时候，我们发现有些任务安排的时间段不太合适，比如：运动的时间不够，学习持续的时间太长会累，语文和数学的学

日程表（示例）

时间段	周一至周五	周六和周日
8:00	起床、洗脸刷牙、吃饭	起床、洗脸刷牙、吃饭
9:00	数学学习：背乘法口诀，做口算练习	爸爸妈妈陪着出去玩或读书
10:00	休息、吃水果	
11:00	读书：读《爱丽丝漫游奇境》20页	
12:00	吃中午饭	
13:00	睡觉	
14:00	睡觉	
15:00	英语阅读：RAZ-F	上舞蹈课、钢琴课、绘画课等
16:00	书法课，练习写字	
17:00	户外	
18:00	户外	
19:00	晚饭	
20:00	洗澡、刷牙	
21:00	睡觉	

习时间要对换一下……在执行过程中如果发现问题，就改进我们的计划，形成一个“计划—执行—检查—改进—再计划”的循环，最终找到适合自己生物钟的时间规划。

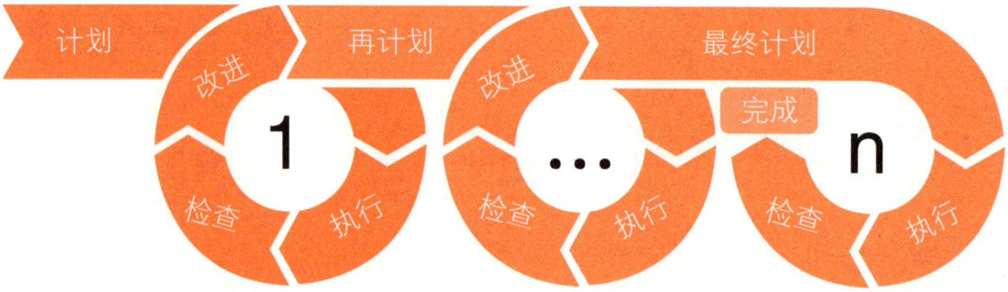

“计划—执行—检查—改进—再计划”循环

还有读者会问我，日程表制订之后，我们执行起来不给力，无法完全落实怎么办？下一小节，我们就来讨论在执行层面的操作方案——如何做好时间管理。

延伸阅读

柳比歇夫的时间管理法

亚历山大·亚历山德罗维奇·柳比歇夫（1890—1972），苏联昆虫学家、哲学家和数学家，一生出版了70余部学术著作，涵盖科学史、农业、遗传学、植物保护、哲学、昆虫学、无神论等领域。单单是地蚤的分类学一项，他就完成了非常惊人的工作量，搜集了超过13 000只地蚤，对其中5 000只公地蚤做了器官切片，他独自收集的资料比动物研究所多5倍！

柳比歇夫能做出如此之多的工作，主要得益于他在26岁时独创的"时间统计法"，他坚持使用并不断完善这一时间管理法长达半个多世纪。

柳比歇夫时间管理法建立在数学统计的基础之上，主要分为四步：

① 记录：使用各种记录卡，精确记录各项活动的时长；

② 统计：对各项活动的时长定期分类统计，查看用于开会、听汇报、检查工作、读书看报等活动所占时间的比例，并绘制成图表；

③ 分析：仔细分析时间的耗费情况，找出浪费时间的原因；

④ 反馈：根据分析结果制订消除浪费时间因素的计划，并反馈于下一周期。

柳比歇夫每天动手统计时间，并进行月度、年度总结，有计划地充分利用每一小时。以柳比歇夫为主人公的一本书中说："柳比歇夫在这个世界上能活多久，这是他不能决定的，可是，作为一个人，能有充分价值地生活多少时间，却正是由他决定的。"

管理时间的 3 个黄金方法

我们制订好目标计划和日程表之后，该如何保证这些具体的任务能够被顺利完成？这里我将介绍几种比较重要的时间管理法，分别是四象限法、搞定工作法（Getting Things Done，缩写为 GTD）、番茄工作法，这些方法可以帮助我们将日程表中的具体任务落地。

四象限法

四象限法又称为“要事第一原则”，它是美国管理学家斯蒂芬·科维提出的一种时间管理的方法。它把我们要做的事情按照紧急、不紧急、重要、不重要的排列组合分成四个象限。

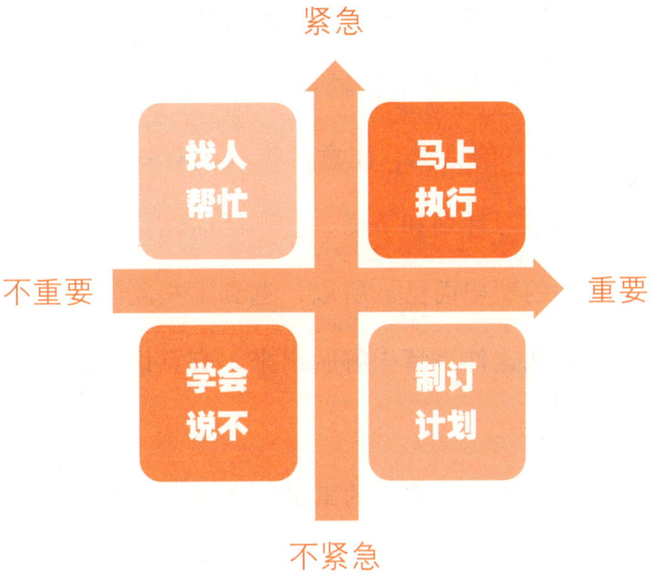

右上角属于紧急而重要的事情。比如，马上要考试了，我们还没有复习完功课；或者第二天要开学了，我们的暑假作业还没有写完。这一类的事情具有时间上的紧迫性和影响上的重要性，无法回避，也不能拖延，必须首先解决，马上执行。

右下角是重要而不紧急的事情。比如，每天坚持锻炼身体，每天坚持背单词，每天坚持阅读等。这一象限的事情在时间上并不紧迫，但是对我们个人的长远发展具有重要的意义，如果荒废这一象限的事情，会在将来某个时候使得我们陷入更大的压力，在危机中疲于应付。“未雨绸缪”就是我们对这一象限的典型描述。这类事情要求我们要制订好平时的计划，一步步有效地去完成。

左上角属于紧急而不重要的事情。比如，在我们学习的时候突然来的电话，好朋友们临时起意的出游计划。这一象限的事情看起来很急迫，特别是伴随着电话铃声、朋友呼喊等，会让我们产生“这件事情很重要”的错觉。注意，这只是对别人而言很重要，它会打乱你原本的学习计划和节奏，让你的时间跟着别人转，但可能只是满足了别人的期望而已。所以，遇到第三象限事情的时候，我们最需要的就是从这件事情中解脱出来，有意识地去控制自己参与这类事情的时间。

左下角是不紧急也不重要的事情。比如，看毫无深度的电视节目、打游戏、无聊的谈话，等等。这类事情通常都是浪费时间，不值得我们投入时间和精力去做，我们要学会说“不”。当然，如果你在学习之余把这些看成是放松和消遣的方式，那就另当别论，我们也是需要一定的时间放空自己的。不过，放松的时候，我并不推荐看电视、打游戏这类活动，因为它看起来是休闲，但其实我们的大脑并没有停下来。在打游戏的过程中，神经系统反而处于一种更加兴奋的状态，过后会觉得更累。我推荐用慢跑、游泳、散步、画画等事情来调剂我们紧张的学习生活。

这四个象限之间应该如何分配时间呢？一般来说，第一象限：第二象限：第三象限：第四象限 =20：50：25：5。根据“二八定律”，20% 的事项起到决定性作用，所以，我们在平时学习中要有足够的时间和精力留给第一象限的关键性任务，同时，也要制订好计划，确保重要的任务在日常中有序推进。

搞定工作法

搞定工作法的英文是“Getting Things Done”，经常缩写成“GTD”，这其实是一本书的名字，是被誉为“在提高工作效率方面最有建树和影响力的思想家”戴维·艾伦的著作。我在大学期间曾经把这本书看了无数遍，对于我学习效率的提高有很大帮助，所以，我把这种方法推荐给读者。

GTD 要解决的问题是如何给任务排序。我们经常遇到这样的情况，有一堆要做的事情，但不知道从何下手，不得不一边思考有哪些事情要做，一边想着如何去做这些事情。GTD 解决这一问题的步骤是收集、整理、组织、回顾和执行。

收集是把我们想要做的所有事情列成一个清单，全部列举并记录出来。整理就是把这些事情做一个简单的分类，看哪些事情是在短时间内能完成的，哪些事情是无法很快做完的，做一个整理。组织就是把这些分类好的事情列出行动计划。如果某件事情需要在短时间内完成，比如 2 分钟之内能完成，就马上去完成，赶紧处理掉这些占大脑内存的事情。或者，即使不可能在 2 分钟内完成，但需要当天完成的，我们就需要修改自己当天的计划，马上把这件必须处理的事情赶紧处理完。如果某件事情不需要现在就完成，可以延迟处理，那么我们就先写入备忘录，安排在之后的空余时间里，制订下一步计划，列出行动步骤，再根据计划一步步去执行。同时，

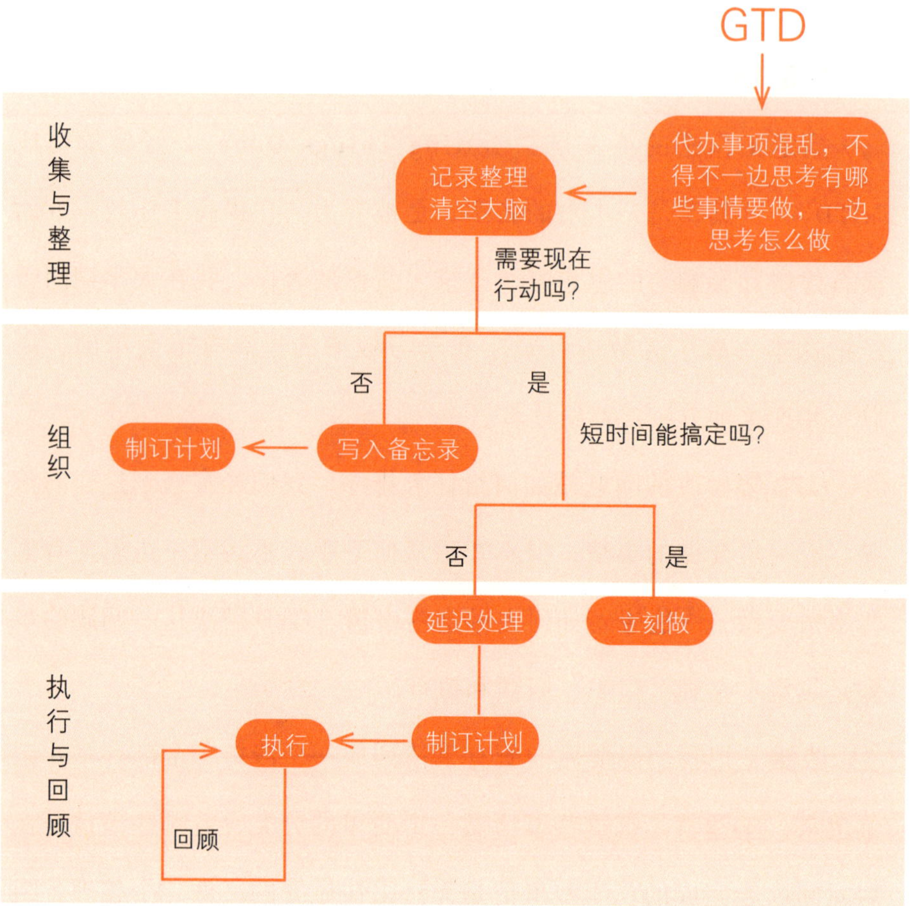

搞定工作法

我们需要根据事情安排频率，阶段性地去回顾一下这些事情的进度，一天、一周、一月均可，防止我们忘记自己的安排。

我们可以把 GTD 法用在学习上。比如，我们要做的事情有当天的作业、背单词、创作自己的小说三项任务。创作自己的小说不需要现在完成，就写入备忘录，制订好计划，要求自己每周六下午完成创作即可，不需要每天写。背单词是在短时间内能背完的，那么回家就要马上做。当天的作业有语文、数学、英语等科目，各科目的作业内容不同、作业的难度不同、复习的时间也不同，所以要先花一点时间制订好晚上回家后的学习计划，把吃饭、洗澡等时间都列进去，计算好每科需要花费的时间，通过时间的约束倒逼自己在有限的时间内高效率地完成作业。

番茄工作法

番茄工作法针对的是如何在一段时间内提升学习效率的问题，它能帮助我们在短时间内提升注意力，不被各种事情打断。番茄工作法相比于 GTD 是更微观的时间管理方法，它由弗朗西斯·西里洛在 20 世纪 80 年代末提出，灵感来源于厨房里一个番茄形状的计时器，所以命名为番茄工作法。

番茄工作法的原理极其简单：学习 25 分钟，休息 5 分钟，再学习 25 分钟，再休息 5 分钟，以此形成一个小循环。每 25 分钟算一个番茄时间，番茄时间不可再分割。这一个番茄时间内不能被任何事情打扰，要非常专注地学习。在休息的时间里，你可以活动一下，喝水或者上厕所等。每 4 个番茄时间后休息时间增加为 15 分钟，以此形成一个大循环。

如果在某个番茄时间里，突然想到什么事情要去做，那么我们先要判断这件事情的紧急和重要程度。如果必须马上去做，那么我们要停止当前的番茄钟，宣告作废，然后先去做这件紧急的事情，做完之后，再重新开始一个番茄钟。如果这件事情不是必须马上去做的，那么就把它列在待完成清单中，等完成这个番茄钟后再去思考它，决定是列出行动计划一会儿完成，还是要放在备忘录中以后完成。这样就可以把番茄工作法、GTD、四象限法连接在一起。

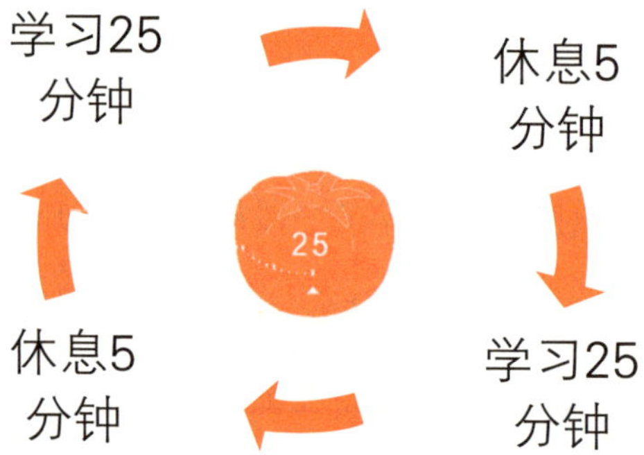

番茄工作法

上述这些方法并不是相互割裂的，而是相互补充的。四象限法是我们时间管理的大原则，GTD 法是时间管理的行动方案，而番茄工作法则是对 GTD 中具体执行过程的进一步细化。“四象限法—GTD—番茄工作法”这一流程，其实是我们将时间颗粒度逐渐降低的过程。很多学习优秀的人的时间颗粒度是非常小的，会精确到每 1 分钟。我看过一个学生制订的安排表，其中一项就写到：7:00–7:13，洗脸刷牙；12:58–13:00 从教学楼走到食堂。他也非常善于利用自己的零碎时间，比如在上下学的地铁上从不玩游戏，而是在用手机软件背单词。而在这些不起眼的安排之下，你可以想象，他一定曾对自己日常的时间进行过精确的统计，知道每项活动所需要的时长，对自己的时间使用情况了如指掌，才能做到高效地利用时间。

讲了这么多时间管理的方法，还需要你将这些付诸行动，只有不断实践才能逐渐打磨出一套适合自己的高效时间管理方案。如果光知道方法，而不去使用，再好的方法也无济于事。

延伸阅读

合理利用碎片时间

不知道你有没有发现，在我们的日常生活中，还是有很多零散的时间可以利用的。俗话说：时间就像是海绵里的水，挤一挤还是有的。比如，我们上学、放学的路上，坐地铁或者公交的这段时间，其实就是一些碎片时间。如果能把这些时间利用起来，那你会发现一天多了很多时间。

我在送女儿上学的路上通常就会和她一起背诗，这样我们就能有效地利用路上的这 50 分钟。同时，在学校的时候，你可以利用一些碎片化的时间完成简单的、不那么需要动脑筋的作业，比如练习写字、抄写课文等，这样就可以把在家的时间留出来去挑战更有难度的学习任务。

用精力管理法提升你的状态

时间管理就是要挤出更多的时间以及在单位时间内提高效率。但是，我的学生经常会遇到这样的问题，他也想提高时间利用率，也运用了我教给他的时间管理法，但是总觉得精力跟不上，学习一会就困得不行，甚至会睡着，有什么办法吗？

不知道你有没有类似的经历，这个问题在学生中确实比较常见。很多学生做作业时会拖延，最后不得不熬夜，导致睡眠不足，影响第二天的学习。长此以往，形成恶性循环。

怎么解决这个问题呢？给你讲一下精力管理法。

这一方法是我在一篇题为《管理你的精力，而不是时间》（英文原文为“Manage your energy, not your time”）的文章中读到的。在这篇文章里，提到了一个非常重要的精力管理模型，称为“精力管理金字塔”。这篇文章颠覆了我原来的认知。我原本以为，一个人精力是天生的，没有想到精力还能管理，还能通过我们日常生活中的点点滴滴提高我们的精力水平。下面我会对金字塔的每一层分别介绍，看如何让我们在日常学习中更高效。

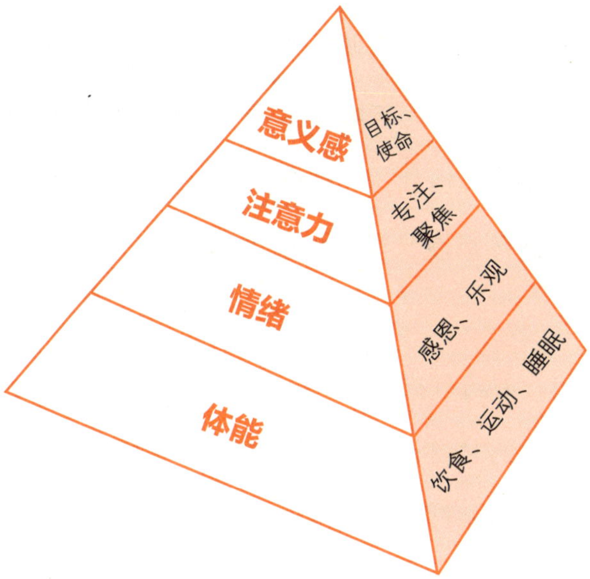

精力管理金字塔

金字塔底层：体能

体能是精力的基础，体能越好，人的精力越旺盛。从生物学的角度讲，体能好，心肺能力强，全身和大脑的供氧会更充足，这样我们的大脑“待机时间”就会更长，学习也就不容易疲劳。

怎样增强体能呢？答案是合理的饮食，适度的运动和充足的睡眠。

先说饮食。我有两个建议：第一，多喝水，让我们的身体保持充分的水化状态。很多时候我们感觉疲惫，其实是身体缺水导致的，所以，一定要多喝水，每个人喝水的量大概应为体重除以 32，比如我是 48 公斤，每天就要喝 48/32=1.5 升水。第二，多吃高蛋白食物和蔬菜，饿了的时候补充酸奶或者坚果。中午不要吃过多的主食。如果你午饭吃了一大碗面条，下午就会特别容易犯困。因为面条里几乎都是碳水化合物，这样吃会导致血糖在短时间内快速上升，使得血液循环减慢，导致大脑供氧不足，使人容易昏昏欲睡，无精打采。

再说运动。运动对我们至少有三个好处。第一，让人精力更充沛。我们在运动的时候，血流速度增加，代谢速度加快，可以供给大脑充分的氧气和养料，并更快地带走代谢废物。第二，让人情绪更愉悦。运动可以让体内产生多巴胺、血清素、肾上腺激素等，这些激素会给我们带来愉悦的情绪。第三，让人身体更强壮。多运动会增强我们的免疫力，让我们身体抵抗外界病毒、细菌侵入的能力更强。清华大学就有运动的传统，每个本科生体育必须达标，清华的口号就是“为祖国健康工作五十年”。如果你发现学习学累了，脑子转不动了，不妨去跑个步、游个泳，最好能找到自己喜欢的运动坚持下来，这对我们学习成绩的提升不无裨益。

最后说睡觉。从生物学上讲，睡觉的过程是身体主动修复的过程。免疫系统会加强，大量的代谢废物会被清除掉；大脑也在修复，神经元之间建立连接，记忆力得到增强，所以，睡觉对我们来说至关重要。有调查表明，成功人士的平均睡眠时间是 8 小时 36 分钟，并不比我们普通人少。所以，千万不要熬夜学习，那样耽误了睡觉，反而得不偿失。

金字塔第三层：情绪

从生理学上讲，人在心情愉悦的时候学习知识的速度会比较快，而在情绪激动（比如悲伤、愤怒）的时候，是没有办法理性地思考问题的。所以当我们受到他人批评、指责的时候，听不进别人的建议也很正常。我的学生也有因考试成绩不够理想而沮丧的时候，在这样的情绪下，他们是不愿意听讲的，甚至可能会连续多天情绪低落、心情糟糕，也完全没有学习的劲头。

坏情绪的确会对学习效果产生负面影响。很多心理学的研究结果都表明，情绪上的小小差别，会对我们的认知和判断产生巨大的影响。你可能会认为，负面情绪的产生是自然而然的，是无法控制的。但我想说的是，情绪和记忆力、学习力一样，都是可以通过不断的训练而进行自我掌控的。

教你几个简单的小方法，让自己从负面情绪中走出来。第一，感恩练习。回想生命中值得你感恩的人或事，让自己内心充满快乐，充满正能量，这种正能量可以抵消不良情绪对我们的影响。第二，呼吸练习。花几分钟做深呼吸，用长吸气和长呼气带动我们的心肺循环，在排出浊气的过程中，也把不良情绪带走。第三，找一个适合你发泄的方式。你可能找好朋友聊聊天就能舒缓很多，也可能通过安静地写日记的方式梳理自己内心的想法，或者找朋友打一场篮球也就没事了……不同的人发泄的方式不一样，找一个最适合自己的方式，把坏情绪带走，让好情绪帮助我们更快地学习和进步。

金字塔第二层：注意力

什么状态是注意力集中？我给你举个例子。我在高中每次数学考试的时候，一拿到卷了，先大概浏览一遍题目，再从第一题起调用我全身的细胞开始解题。收卷的哨声响起后，我根本不知道居然已经过去了一个半小时，觉得这一个半小时过得也太快了吧，仿佛有人在瞬间把时钟拨向前。这种忘记时间流逝的状态就是专注的状态。你肯定也有过这种状态，比如阅读一本书的时候，自己做手工的时候，徜徉在画廊里欣赏艺术品的时候……

心理学家米哈里·契克森把这种专注的状态称为“心流状态”。处于心流状态时，人的精神完全投入到某项活动中，全神贯注，忘我投入，效率特别高。处于心流状态的人不愿意被打扰，感觉不到时间的存在，且事情完成之后，会产生高度的兴奋感，充满能量且非常满足。

脑科学家通过测量发现了人在心流状态下的脑电波活动，心流状态本质上属于潜意识的活动。此时，在大脑里主管理性思维的大脑前额叶皮层的活动减少，而负责潜意识的区域活动增加，β 波减弱，α 波和 θ 波加强。在这种情况下，人的紧张程度会下降，愉悦感会上升。

如今，冥想被当作一种注意力训练，就是把你自己的思维或念头和你的意识分开，用意识去观照你的念头，你会发现我们会被各种各样的东西所分神，那不要紧，不要评判你念头的好坏、对错，念头就只是念头，收回你的意识，继续观照它，不念过去，不迎未来，活在当下就是最好的冥想状态。这种冥想的功夫是需要修炼的。如果练不来也没关系，瑜伽等运动也可以调节我们的呼吸和面部表情，增加灵活性和平衡度，来帮助我们更快地进入心流状态。

要想在学习上有所精进，我们就要提升自己对注意力的控制，最好能够每天锁定一段时间，让自己进入到心流状态，专门处理那些比较难完成的学习任务。

除此之外，要提升我们对注意力的控制，还有两个小窍门。

（1）用自己精力最旺盛的时间处理最难的问题。比如，我们通常在上午刚起床后精力比较旺盛，那就先去做数学的题目。通常，学校会把数学课尽量排在上午，也是这个道理。下午两点多的时候，你可能容易犯困，那就做一些不太需要动脑筋的学习任务，比如练练书法等。

（2）学会休息。我们的注意力很难长时间集中，因为它是脉冲式的而非线性持续的。也就是说，虽然注意力能聚焦，但是它不会维持聚焦太长时间，就像之前番茄工作法提到的那样，我们最好学习一段时间后休息一会儿，不要觉得休息是浪费时间，休息是为了更好地学习。

金字塔顶层：意义感

这里又提到了意义感。你还能回忆起来之前在哪里读到过意义感吗？

你会发现，无论是时间管理和精力管理，还是根本的学习动力问题，都需要我们找到一个“活着是为了什么”的答案。斯蒂芬·茨威格说：“一个人生命中最大的幸运，莫过于在他的人生中途，即在他最富创造力的壮年之时，发现了自己的人生使命。”乔布斯在斯坦福大学的一场毕业演讲中说：“你只有相信自己做的是伟大的工作的时候，你才会安然自得。如果你还没有找到，那么你要继续找，不要停下来。”

我自己有一个追寻意义感的模型，就是问自己：你喜欢什么？你擅长什么？你最看重的是什么？你能为他人提供什么？总结起来，就是择己所爱，择己所长，择己所利和择世所需。这里我把这个模型分享给你，希望你也能尽早找到自己生命的意义。

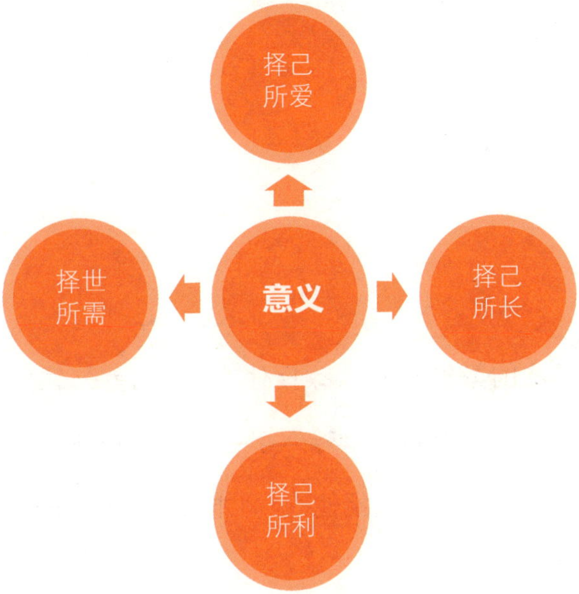

追寻意义感模型

费曼学习法的第二步是“教授他人”，也就是输出知识，但是输出的前提是输入，只有高效输入了，才会有准确流畅的输出。所以，我用两章内容来讲“教授他人”，本章告诉你如何高效输入。

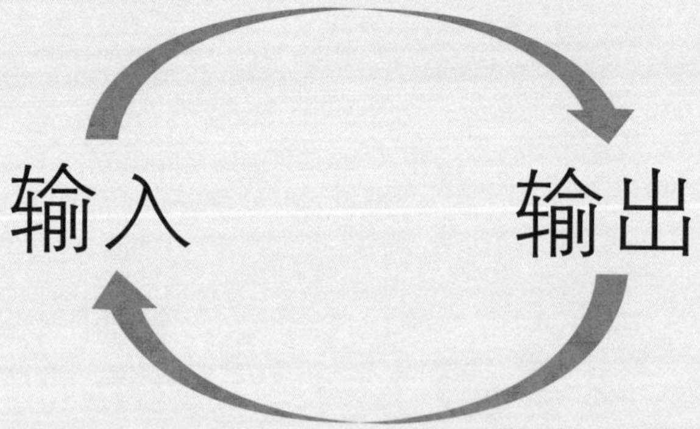

3

高效输入：听得懂，记得住

学习风格测试：找对输入方式

很多学生热衷于学习风格偏向测试，希望通过测试找到适合自己的学习风格。测试完之后，学生会过来问我，是不是只要坚持适合自己的学习行为，让自己学起来更轻松，就能学习得更牢固、更深入，学习成绩也能有更快的提升呢？

我的答案是：不一定。

我们首先来看一下“学习风格理论”到底是什么。

20 世纪 90 年代初，尼尔·弗莱明通过观察和总结提出了“VARK 学习风格”理论，把学习风格分为四种类型：视觉型（Visual）、听觉型（Aural）、读写型（Read/write）和动觉型（Kinesthetic），这是当时人们最常用的学习方式类型。大家可以通过下表的内容了解不同风格类型的学习行为倾向。

VARK 学习风格类型及其学习行为倾向

学习风格类型	视觉型	听觉型	读写型	动觉型
学习行为倾向	信息以图片、图表等形式呈现时，视觉上占优势的学习者能更好地吸收信息	听觉主导型学习者更喜欢接收内容的方式为听取。学习者对声音的反应最好，例如在讲座或小组讨论中，听到自己的声音，将某些内容重复传给导师或教练也很有帮助	读写型学习者乐于将抽象的信息转化为文字，往往受益于文本研读、做笔记等	动觉主导学习者喜欢“亲力亲为”的方法，比如做实验、角色扮演、辩论等，对能够触摸或感觉到物体或学习道具的反应很好

这个理论表明，只要让学生采用适合自己的学习风格来学习，就能达到很好的学习效果，事半功倍。那么，事实真的是这样吗？

有研究者对这一理论的效果进行了更深入的实验。他们对超过400名学生做了相关的VARK学习风格评估，如果学生喜欢视觉化的教学，就专门给他视觉化的教育。一段时间后，研究者发现，大多数学生在使用了一种特定的、适合自己的学习风格后并没有比另外一种效果更好。① 也就是说，如果学习者只以自己喜欢的风格学

① 研究结果来自2017年5月29日《科学美国人》的报道。

习，那么他的学习过程会更愉快，但是无法保证学习效果。因此，用最适合自己的学习风格进行学习，只能保证我们学习得轻松快乐，并不能保证我们真的掌握了知识。

所以，我更推荐的做法是，用 VARK 提到的多种风格学习同一内容，从多个场景进行刺激，从多个维度进行重复，才能得到知识的高效输入。对于同一个知识点，我们除了要在课堂上听老师讲一遍，回家也要自己精读课本，还必须要通过习题对知识点进行演练和复习巩固，重要的实验可以再动手操作一遍，重要的公式可以自己推演一遍。我们还可以根据最近学习的主题和内容，在课余时间去相关的博物馆看一场展览，和同学做一项主题延伸学习的项目，或者自己动手做一个相关的模型，这些都是对课堂学习很好的补充。这样用不同的风格来学习同一个内容，会刺激我们的不同感官，让我们把知识理解得更立体，知识点掌握得更牢固。

现在，网络也是我们输入的重要途径。手机上有很多学习类的应用，这些应用上有很多游戏化的学习资料。网上也有很多公开课资源，我们也可以自己去学习，里面的知识其实非常全面，从学前到大学预科的都有，知识体系很完整。其中有很多短小精炼的视频，每个视频 2~5 分钟，通过举例讲一个知识点，深入浅出地讲解了很多科学概念和问题。而且，有的公开课网站在每讲结束的时候还有测试，这提供了很好的反馈机制，从每讲测试—单元测试—期末考试，让我们学了以后马上就知道自己是不是学懂了。通过这种学习方式，不仅能高效快速地学会知识，而且还能培养我们自主学习的能力，帮助我们学会学习。对于一些专业的问题，还可以去一些学术网站搜索相关信息，比如中国知网、维普网等，也可以尝试去问一下 chatGPT。但遇到问题时，尽量不要过分依赖某些搜索引擎来获取答案，网上的信息鱼龙混杂，对于没有参考文献和出处引用的内容，我们要有所甄别。

用预习夺取课堂主动权

“凡事预则立，不预则废。”这句的意思是，做任何事情前，要有准备，才可能成功，没有准备就会失败。我们的学习也是同样的道理，预习的重要性不言而喻。

很多成绩优异的学生都有预习的习惯。课前预习一方面能够让我们对学习内容有初步的了解，这样我们在听课的时候就能更有目的性，从而掌握听课的主动权。另一方面，预习完再听课能让我们获得一种心理上的优势，我们听课时就会更从容、更有自信。

前文中提到，要想高效学习，学习内容的新旧知识比应为15∶85左右。如果你的老师是有经验的教师，那么，他其实已经在默默给你做计划了。基于多年的教学经验，他一定是了解学情的，知道同学们的知识基础和掌握程度，也会在备课的时候把“已知”和“未知”联系起来。他们虽然并不一定知道15∶85这个比例，但也会在陈述未知前先去铺垫已知。我作为老师，知道老师们备课的不容易，一节 40 分钟的课，老师们可能需要打磨一个星期。所以，你跟着老师学习时，就已经在按照比例学习了。

当然，我们现在基本上是大班教学模式，一个班级有很多学生，不同学生的认知水平、学习能力、基础知识等都不同，老师不可能为每个学生都准备一套授课方案。老师授课时，新旧知识点之间比例是以班级学习能力中等的同学为标准设计的。如果我们就是跟不上老师的节奏，那怎么办呢？我们上课认真听讲、下课按照老师要求写作业，都是按照要求来的，如何自主控制这个比例呢？其实，预习和复习就是在调整这个比例。通过复习，把基础知识打扎实了，就是把旧知识比例提高了；通过预习，先提前了解一下要学的知识，就是把新知识的比例缩小了。如果你能做好预习和复习，就一定能掌握好自己学习的节奏。这种反馈可以让我们逐渐积累成就感，愿意去挑战更难的事情，形成一个正反馈。

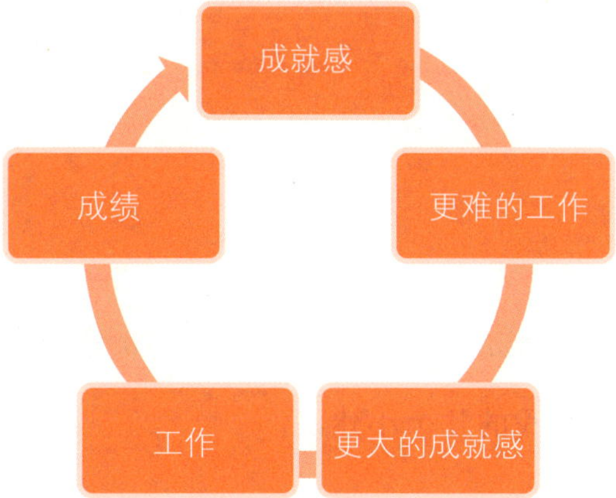

正反馈模型

然而，你可能遇到这种困境：每天回家又要复习，还要写作业，本来学习就很紧张了，根本不可能还有时间预习啊！根据我多年对学习的研究，其实预习不需要花费我们太多的时间，每天每科大概 10 分钟就足够了。我们正好可以把课间的时间利用起来，把下一节课的大概内容浏览一遍。预习的目的不是为了让我们对知识有多么透彻的理解，我们可以“不求甚解”，没有必要追求 100% 的掌握。

如果我们有回家后预习的打算，那就最好安排在复习和写作业之后。我们对知识的学习和理解是一个螺旋式上升的过程，知识点之间是相互连接、逐步递进、逐层深入的，之前学习的知识是预习的基础，所以每天的预习要在复习和作业之后进行。

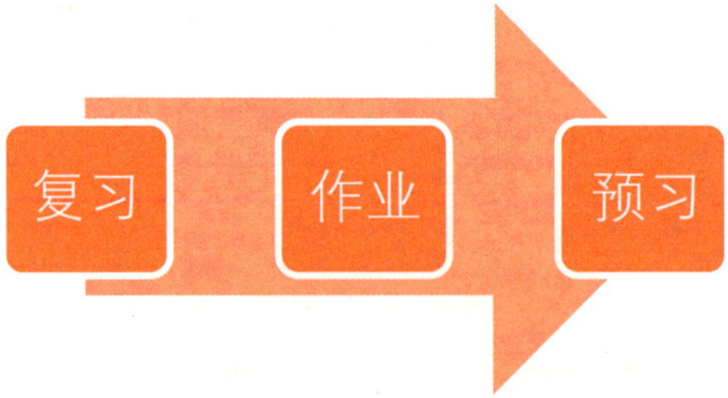

预习的时机

那预习有什么方法吗？怎么在短短的 10 分钟之内达到预习的效果呢？那就听听我的几个小建议。

第一，读框架，建立“整体感”

预习的时候，不要急于去读书中的具体内容。先翻开目录，浏览书中的大标题和小标题，了解你即将学到哪个章节、哪一部分内容，这些内容在整体框架中处于什么位置，以及这些内容在教材中要分哪几部分去讲。就像走路要有地图一样，我们要建立自己的“知识地图”，把握自己的进度，了解这部分知识点在整体框架中的位置、作用和联系，做到“胸中有丘壑”，建立一种对知识的“整体感”。

第二，读新知，建立“新旧联系”

同一学科的知识点之间通常会有较强的连贯性和逻辑性，新的知识大多是建立在旧的知识基础上的。你可以试着找出预习内容中的新知识有哪些，旧知识又有哪些。这样，我们在回顾旧知识的时候，可能会发现哪里忘记了、哪里掌握得不牢固，就能及时补上，克服因为遗忘或者没有掌握好而带来的学习障碍，为顺利学习新知识创造条件。千万不要让旧知识上的学习盲点影响了新知识的学习。

第三，读难点，上课更专注听讲

我们在预习的时候，要有意识地识别学习内容中的难点，一边阅读，一边思考，一边把学习内容的重点、难点划出来，对自己弄不懂的地方可以拿铅笔用问号标注出来，提醒自己在上课的时候要更加注意听这一点的讲解，从而提高听课效率。预习是一个思考的过程，更是一个主动学习的过程，不要只停留在翻书或浏览的层面，而是要独立思考、认真投入，才能高效地利用这 10 分钟的预习时间。

想要通过预习来提高学习效果需要我们持之以恒。我们每个人都是有惰性的，有时候也会有侥幸心理，觉得只一天不预习对我们第二天的学习不会有太大的影响。然而，如果我们能长期坚持预习的习惯，不仅能让我们的学习有更明显的效果，而且还能培养我们自主学习和自律的能力。

主动听讲的利器：康奈尔笔记法

还记得之前读到的学习金字塔理论吗？里面提到，“听讲”是一种被动式的学习方式，学习留存率只有 5%。但是，我们不可能打破现在学校“老师讲、学生听”的教学模式，有没有什么办法能让我们变被动为主动呢？

答案是肯定的，主要有两招：第一，学会做课堂笔记；第二，学会上课提问。你肯定很好奇，这两招看起来很平常，没有什么特别之处，你平时上课也在用，怎么就变成窍门了呢？这里的关键在于“学会”。很多同学在记笔记和提问的时候，一直不得要领，也就没有办法变被动为主动。所以，在本小节和下一小节中，我来教给你如何正确地做笔记和提问。

先看看这些做笔记的常见陷阱，看看你有没有身陷其中：

- 上课听讲的时候，恨不得把老师讲的所有内容都记下来，但发现总是记不完，写了前面就丢了后面，内容不完整。
- 觉得反正老师讲的所有内容在书上都有，就不用单独准备一个笔记本了，有些东西记在书旁边就可以了。
- 老师讲的东西大概能听明白，就觉得不用记笔记了。
- 笔记看起来密密麻麻，但仔细看去，就像抄了一遍书，没有自己的内化和总结。
- 笔记追求完美无瑕，把笔记本当成出版物，追求排版和配图，配图也一定要涂颜色，看起来花了很多工夫，却没有起到学习的效果。
- 记笔记就是照抄老师的板书，只要把板书抄下来，就相当于完成课堂学习了。
- 记笔记是课堂上的事情，在课堂上写完了就可以，课下不用再回顾整理了。

……

以上这些记笔记的方式都属于被动学习，是为了应付老师、应付家长甚至是应付自己。而主动学习式的记笔记，则是把课堂信息加工、整理、内化的过程。我们在记笔记的时候，一定不要停留在照抄课本和板书，而是要学会记录课堂的提纲、重点以及书上没有的内容，如果哪里有疑问或者易错点，更需要记录下来。此外，如果你做完笔记却不去理解和回顾，那么就起不到做笔记的作用。

我推荐给你一个记笔记非常高效的方法——康奈尔笔记法。

康奈尔笔记法是由美国著名的康奈尔大学教授沃特尔·波克提出的，也称为“5R 学习法”（Record，Reduce，Recite，Reflect，Review），是一种系统的整理笔记的方法，涵盖了从课堂笔记到课后复习的全过程。这种方法将笔记本的页面分成了三个区域，分别是笔记区、关键词区、总结区，如下图所示：

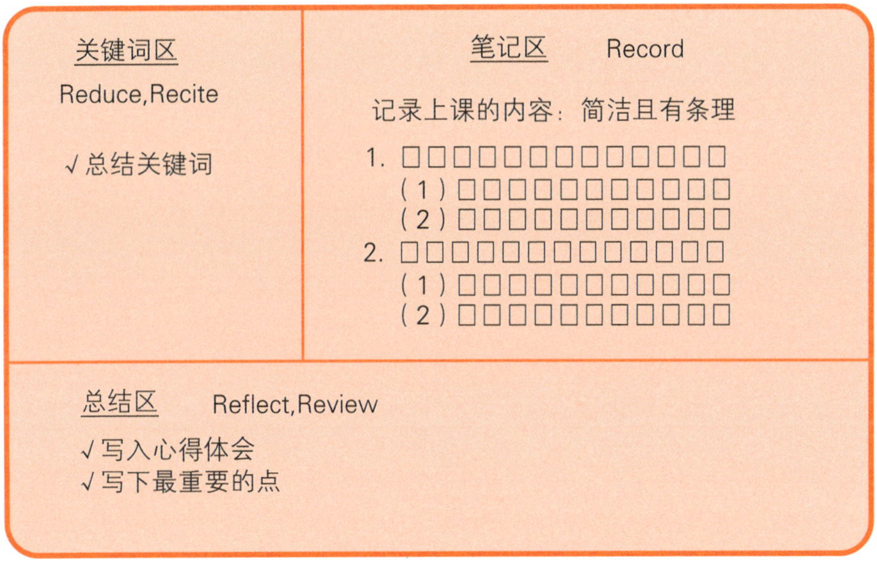

康奈尔笔记法模板

笔记区位于笔记本的右上角，是整个页面中最主要的部分，占整个页面的 70% 左右。在这一部分，你可以在课堂上记下任何你想记的内容。页面的左边属于关键词区，大概占页面的 15%，就是简单整理一下右边的笔记区记了哪些内容，为这些内容写个关键词或者标题，注意要与右侧的笔记区对应。最后是总结区，也占页面的 15% 左右，它位于页面的下方，这部分的作用是总结这页笔记主要涉及了什么内容，用一到两句话讲清楚。

下面，我以前文“目标管理”的部分内容为例，做了一个康奈尔笔记法的示例，来详细说明康奈尔笔记法的应用。

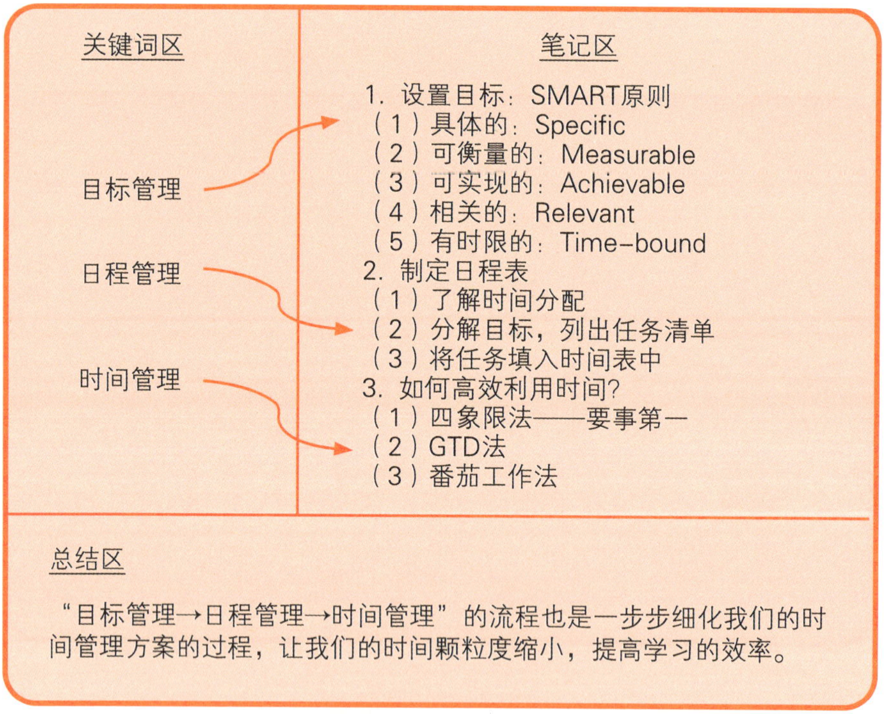

康奈尔笔记法示例

笔记区：记录（Record）。上课的时候，我们需要记录老师讲课的内容，记录笔记要适当简略，不要逐字记录，不要记录老师上课的原话，要善用符号和缩写。例如，在上述例子中，在每一个大项列出几个关键的小项目，对要点进行编号，条理清晰，一目了然。

关键词区：简化（Reduce）+复述（Recite）。下课后，我们可以对右侧笔记进行简明扼要的概括，将关键词总结在关键词区，作为右侧知识点、论述语句等的有效触发点，便于回忆。例如，用“目标管理”“日程管理”“时间管理”几个关键词把右边的内容总结出来，在回顾时就能有效地提醒我们，以免遗漏。复习的时候，我们要用手遮住笔记区，通过关键词区的提示，尽可能复述出上课的内容。这里要注意，复习笔记不应该是机械地对笔记进行重复阅读和记忆的过程，而应该是像考试的时候一样，根据少量的提示就能想起完整的知识点内容。

总结区：思考（Reflect）+复习（Review）。这个区域可以记录自己的思考，将自己对本页内容的延伸思考记录于页面下方，把自己的听课感受、想法、观点和体会落实成文字，并且表达和记录下来。这其实也是费曼学习法的一种应用形式，它要求我们必须把学过的内容用自己的语言表述出来，只有这样，课堂上的知识才能真正被我们所掌握。

踏准课堂节奏：5W1H 法

学会提问非常重要，正确的问题不仅能让你思路更清晰，更能帮你踏准课堂节奏，高效吸收知识，经典的提问方法就是“5W1H”法。

5W1H 是指从对象（何事）、地点（何地）、时间（何时）、人员（何人）、原因（为什么）、方法（何法）6 个方面进行提问，反复思考、提出问题。5W1H 模式的前身是“5W”模式，这个模式是 1948 年由美国著名政治学家、传播学奠基人哈罗德·拉斯维尔在他的论文《传播在社会中的结构与功能》中提出的，后经不断运用和总结，完善成 5W1H 模式。

5W1H 模式虽然本身是针对传播活动的模型，但也可以是我们把学习内容结构化的有力工具。它能促进我们思考，帮助我们把复杂的概念或流程用统一的思考模型进行拆分，让我们像福尔摩斯探案一样，一步步按照这个思路去探究知识。例如，费马大定理是一个古老的未解数学问题，直到 1994 年才由英国数学家安德鲁·怀尔斯解决。我们可以使用 5W1H 的策略来理解和解决这个问题：

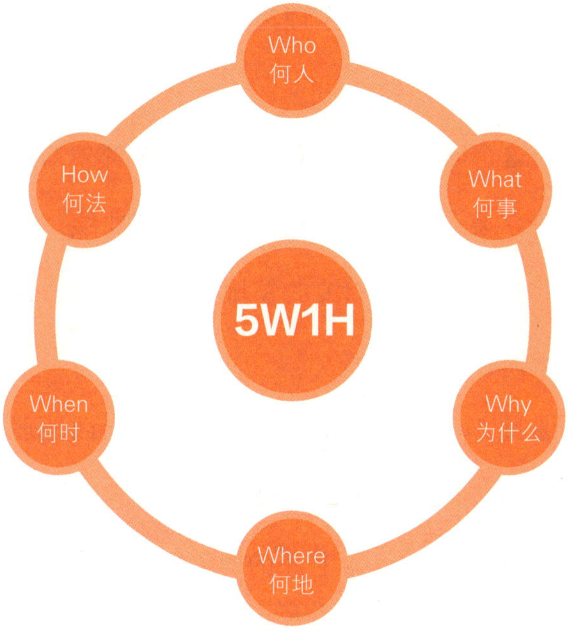

5W1H模型

①什么是费马大定理（What）：对于 n>2 的整数，方程式 $x^n+y^n=z^n$ 没有整数解。

②费马是谁（Who）：法国数学家皮埃尔·德·费马。

③什么时候提出的、什么时候解决的（When）：在 17 世纪，费马在一本书的边注中提出了这个定理，但是没有提供证明。这个问题在数学界悬而未决了几个世纪，直到英国数学家安德鲁·怀尔斯在 1994 年提供了一个证明。

④在什么地方 / 范围内（Where）：这个问题在全球的数学社群中被广泛讨论和研究。

⑤为什么要提出这个定理（Why）：费马大定理挑战了数学家对整数性质的理解，证明这个定理是推进数学知识，特别是数论发展的一个重要步骤。

⑥怎么解决这个问题的（How）：安德鲁·怀尔斯在证明费马大定理时采用了许多复杂的数学工具，包括椭圆曲线、模形式和盖洛亚表示等，他将这些看似不相关的领域联系在一起，构建了一个证明这个定理的框架。

大家看，通过 5W1H 的策略可以帮助我们全面地理解“费马大定理”的来龙去脉，是帮助我们结构化思维的一种很好的方式。

事实上，老师们在备课和上课的时候，也是利用这样的思路，只是不同学科的侧重点有所不同。数学和物理老师一般会先讲一个概念，这属于“何事”的问题；接着讲为什么需要这一概念，这属于“为什么”的问题；再讲概念怎么应用，就是解决“何法”的问题。只有把这三个问题搞清楚，才能很好地掌握一个概念。而在语文课和历史课上，老师会更关注“何人”“何地”“何时”的问题。

既然“5W1H”法是老师安排上课内容的方式，那么我们最好的听讲方式就是利用同样的思维模式，这样既能引发我们的思考，也能紧跟老师的思路。不过我们也要注意，不是在每节课都会用到所有的“5W”和“1H”，而且在不同学科中应用的频率也不一样，我们在不同的学科中要有所侧重。利用 5W1H 法提问，也并不是让我们每节课都要举手提问，而是帮助我们形成独立思考的思维框架。不同老师的授课风格不同，有的老师上课喜欢互动，会鼓励学生举手提问，那么我们就可以多多提问，按照 5W1H 法一定能提出有意义的问题。如果老师上课不爱互动，或者因为课时紧张，没有时间与学生互动，那么我们也可以在心里默默通过 5W1H 法，让自己进入主动思考的过程。

5W1H 法能让我们变被动学习为主动学习，不仅可以提高我们上课听讲的效果，而且对我们的其他学习活动也有非常重要的帮助。这里我再给你提供两个思路，一个是阅读，一个是作文。

在阅读中用 5W1H 法

我们在阅读的时候，就可以使用 5W1H 法。在我带着女儿读绘本的时候，在开始阅读之前，我就和女儿先看封面和标题，用 5W1H 法问女儿问题，引起她阅读的兴趣。

我的问题：这是谁啊？（Who）

女儿的回答：月亮和长颈鹿。

我的问题：哦，月亮挂在哪里呀？（Where）

女儿的回答：挂在天上呀。

我的问题：那月亮什么时候出来呢？（When）

女儿的回答：当然是晚上了。

我的问题：它们在干什么呢？（What）

女儿的回答：长颈鹿在看着月亮。

我的问题：长颈鹿为什么看着月亮呢？（Why）

女儿的回答：它想尝尝月亮是什么味道的，哈哈哈。

我的问题：那长颈鹿到底能不能吃到月亮呢，它是怎么吃到的呢？（How）

女儿的回答：肯定能吃到，那它是怎么吃到的呢？我好想看看啊。

在作文中用 5W1H 法

你在写记叙文的作文时，会不会抓耳挠腮也想不出写什么，好不容易想到写什么主题了，又不知道如何才能写出有效具体的内容而不是流水账。这个时候，你可以用 5W1H 法进行追问，追问出事件的具体细节，情节就会丰富了。

怎么追问呢？具体来说，就是问自己：发生了什么事？什么时候发生的事？在哪里发生的？事件中都有谁参与呢？为什么会发生这件事情呢？在回答这些问题的时候，越详细越好，越详细就越能发掘出丰富有趣的细节。接着再用何法继续追问：这个事件的前提、方法、步骤都有哪些？如何解决这些困难的？哪里是转折点？能不能“制造”戏剧冲突？通过自己给自己提问，把这些答案写在草稿纸上，再去通篇思考行文组织顺序。运用这个方法，不断调整，我们的作文就逐渐丰满了。

抵抗遗忘曲线：三级复习法

你有没有发现，我们平时上课刚刚学过的知识点，回家写作业的时候就已经有些想不起来了。如果当天不复习，周末再去回顾，会发现遗忘的知识点更多了。这是怎么回事呢？

关于这个现象，德国心理学家赫尔曼·艾宾浩斯总结了人类大脑对新事物遗忘的规律，称为遗忘曲线，这一成果对人类记忆认知研究产生了重大影响。我们可以从遗忘曲线中掌握遗忘的规律并加以利用，提升自我记忆能力，下面我来简单地介绍一下遗忘曲线。

遗忘就是我们对于曾经记忆过的东西不能再回忆起来，或者回忆起来很模糊，或者回忆起来是错误的。我们的遗忘在学习之后会立刻开始，而且遗忘的速度并不是均匀的。最初遗忘速度很快，而后逐渐缓慢，遵循“先快后慢”的原则。在学习完成后，20 分钟后人脑只能记得其中大概 58.2% 的内容，1 个小时后的记忆率为

44.2%，1 天后的记忆率只剩下 33.7%。艾宾浩斯认为，遗忘的比例是时间的函数，假设初次记忆后经过了 x 小时，那么记忆率 y 近似地满足 $y=1-0.56x^{0.06}$ 这一方程式。

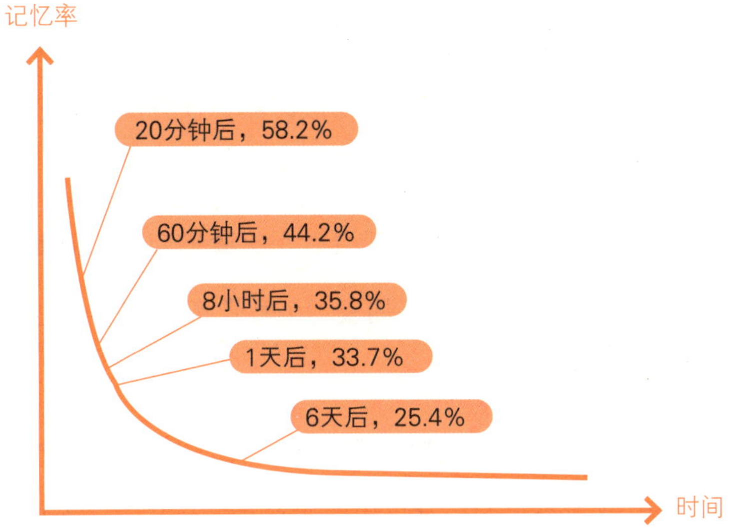

艾宾浩斯遗忘曲线

根据遗忘曲线，我们知道在学完知识 1 天后，如果当天不抓紧复习，学过的知识就会忘掉一大半，我们的学习就会像狗熊掰玉米一样，掰一个，丢一个，最终的效果并不理想。我也曾做过一个对照实验，将学生分成人数相同、水平相当的甲、乙两个组，同时学习一段课文，甲组在学习后不久进行一次复习，而乙组不复习，再在第二天对两组学生进行遗忘测试，甲组的平均记忆率约为 98%，而乙组的平均记忆率只有不足 50%，乙组的平均记忆量也比甲组低。

艾宾浩斯在关于研究记忆的实验中还发现，想要记住 12 个无意义音节，平均需要重复 16.5 次；但如果记忆诗歌中的 480 个音节（有意义音节），平均只需要重复 8 次。这个实验说明，对于理解了的知识，我们就能记得迅速、全面而牢固。

从艾宾浩斯遗忘曲线的相关实验中，我们明确了这两个结论：

（1）复习是学习中的重要一环，值得我们高度重视。

（2）理解记忆比死记硬背的学习效果要好很多。

既然复习对于巩固学习这么重要，那么我们应该如何复习呢？

我这里从“当天复习”“每周复习 / 每月复习”“考前复习”三个层级给出一定的建议。

当天复习　你可能有这种习惯：由于老师布置了大量的作业，所以每天回家就直奔主题，拿出作业来就做。但是，这个时候离我们听讲结束已经超过 1 个小时了，此时我们还记得的知识点也只剩下不到 50% 了，在这个基础上直接做作业，完成的质量和效率肯定会大打折扣。而如果我们回家第一件事情，是先拿出笔记本，运用前面提到的康奈尔笔记法，花 5~10 分钟先复习一下，提取关键词，把自己的知识保温后，再拿出题目来做，不光能对知识点有更深刻的记忆，作业也能完成得又快又好。

每周复习 / 每月复习　我们在完成每天复习的基础上，最好能安排阶段性的复习，可以每周一次或者每月一次。这种阶段性的复习可不是对每天复习的简单重复，而是对这段时间的学习进行完整系统的整理，把昨天学的内容跟前天、上周甚至上个月的内容串联起来，让知识不再是零散的。我们还可以在这个时候，把平时做错的题目进行整理和回顾，从而找出自己的易错点和盲点，具体操作我会在之后的章节中专门讲述。至于是每周复习还是每月复习，可以根据你现在的学习阶段而定，如果是小学一、二年级，知识容量小，那么就可以一个月复习一次；但是到了中学，特别是高中，知识容量一下子变大，那么每周都需要巩固复习。

考前复习 考前是我们最忐忑的一段时间。我们总是担心自己时间不够，复习不完；担心自己复习得不全面，考试时考到自己没有复习到的内容；担心自己虽然复习了，但是考场上可能又会突然“失忆”……其实，我们如果做好了当天复习和每周复习 / 每月复习的工作，考前复习时根本不用临时抱佛脚，因为之前的复习已经帮助我们抵抗遗忘了，至少 80% 的知识其实已经在我们的大脑中了。考前的复习可以更侧重于查漏补缺，快速回顾我们之前复习中总结的重点和难点，就可以从容地上考场了。

学习的过程就像培育一株树苗，老师的讲授只是给它种下了种子，但是想要让它长成参天大树，需要我们每天浇水，按时施肥。如果我们坚持分阶段对学过的知识进行梳理回顾，循序渐进，随着时间的推移，就一定能看到自己的进步。

练出好记性：记忆宫殿法

很多人认为记忆力是天生的，但其实，记忆力也是可以通过一定的方法训练出来的，且越练越厉害。我们通过感官系统（听讲、阅读等）获取到的信息被称为感觉性记忆，这种记忆的一大特征就是转瞬即逝，只有我们积极主动地去加工信息，才能让大脑长时间地存储信息。

记忆分为三个步骤，分别是编码、储存、提取。编码是我们使用和处理信息的过程；储存是把编码后的信息留存在长时记忆中的过程；提取是当我们需要的时候，信息从长时记忆中被提取出来的过程。我们考试答题的过程就是提取记忆的过程。

记忆的过程

为了抵抗遗忘，人们发明了各种各样的记忆方法，这里介绍一下记忆宫殿法。这一方法传说是由中世纪的一位传教士发明的，是指当需要记忆的东西太多时，可以把大脑想象成一个宫殿，有很多房间，每个房间有很多格子，再把需要记忆的东西放进去，通过生动的联想就能记住所需要的内容。

记忆宫殿法实际上就是在大脑里建立一个虚拟的宫殿，在这个宫殿里以一条路径的形式设定若干的记忆槽，也叫作“定桩记忆”。比如，客厅里的沙发我们非常熟悉，这就可以当作我们的记忆槽。再把要记忆的信息图像化形成图像记忆。比如，我们要记住“橙汁”，就可以设想一个喷射橙汁的动态图像。通过联想把要记忆的东西放在记忆槽中，比如，想象喷射的橙汁弄洒在沙发上，弄脏了沙发。这样当我们再次漫步宫殿的时候，需要记忆的信息就跃然而出了，比如，我们再次想到沙发的时候，就一定能想起橙汁。

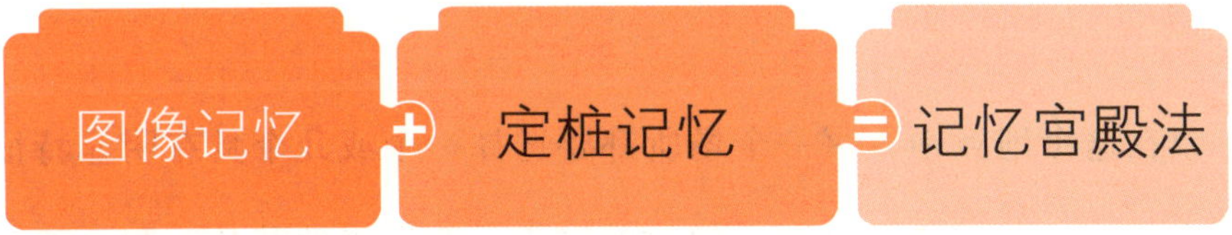

记忆宫殿法模型

记忆宫殿法之所以有效，就是因为它运用了两个脑科学原理：第一，把抽象的信息转化为具体的图像。我们人类天生对图像比对文字更感兴趣，对图像的记忆也会比文字更深刻。第二，把我们不熟悉的事物与熟悉的事物相关联，以熟悉的事物为锚，把不熟悉的事物通过一定程度的联想锚定在其上面，联想的方式越离奇、越与众不同、越异乎寻常越好，这样就可以去刺激大脑，从而达到深刻记忆。

上面我们简单了解了记忆宫殿法，下面我们把这种方法进行拆解，共分为五步，再一步步教给你如何使用。

1. 选择你的宫殿

首先要选择一个你非常熟悉的地方，可以是你的家，一条你熟悉的道路，或者是你上学必经的那段地铁线。这个地方必须是你非常熟悉的，其中的每一个细节在你脑中都能非常鲜活地呈现出来。

2. 列出明显的特征物

在这个地点中，每一个场所都要选择一个或几个具有明显特征的东西，比如墙上的挂画、门口的鞋柜、客厅里的茶几、阳台的窗户、卫生间的洗手台等，每一个特征物都可以成为一个记忆槽，用来储存一条特定的信息。

3. 把宫殿牢牢记在脑中

你要在“宫殿”里规划一条路线，想象你在里面做虚拟漫步，比如，对你家做一次详尽的巡视，从大门到走廊到客厅到卧室到卫生间。为了把宫殿牢牢记在脑海里，你可以按照路线亲身走上一遍，当你看见那些明显的特征物时，大声地说出来，加深记忆。

4. 把要记忆的东西与宫殿进行联系

在确定了象征物之后，我们需要把刚才那些特征物和想记住的要素结合起来。比如我们要背“两个黄鹂鸣翠柳，一行白鹭上青天”，我们就可以想象一进门的时候，门上站着两个黄鹂，打开门后走廊里有一棵柳树，穿过走廊，客厅里有一群白鹭正要起飞，门—黄鹂，走廊—柳树，客厅—白鹭，把特征物与古诗中要记住的东西联系在一起。虽然这个想象的场景看起来很离奇也很滑稽，但是真的很管用，就是这些看起来荒谬的场景才会让人印象深刻，你可以试试。

5. 参观你的宫殿

这是一个复盘的过程，联系起来以后，还要不断演练，最好还能从同样的地方开始并遵循着你规划的路线多走几遍，最终达到每当你看到某个特征物时，相关联的内容能够瞬间浮现的程度，这样记忆才会更牢固。

举个例子来说明记忆宫殿法的应用。假设你要去超市购买五种物品：习题集、牙签、橙汁、打火机、闹钟。现在需要选择五个记忆槽，从进门开始：门、鞋柜、沙发、茶几、电视。

现在就将这五种物品与记忆槽建立联系，可以这么想：把习题集想成一张试卷，试卷挂在门上，差一分及格；牙签可以夸大成一根硕大的木棍，横在鞋柜上；把橙汁设想成喷射状的罐装饮料，放在沙发上，弄脏了沙发；把打火机想成点着的在茶几上煮着悬空的茶壶；闹钟设想成一场足球比赛的时间，电视里正播放着足球比赛，解说员喊着："比赛剩下的时间不多啦！"这样的情景看起来很荒诞，但是，由于每一个场景都足够奇怪，所以才让人印象深刻。

记忆宫殿法示例

两个简单易用的高效记忆法

除了记忆宫殿法，我再推荐两个比较不错的记忆方法，一个是编故事法，一个是口诀法。

编故事法

我们的大脑更喜欢跌宕起伏的故事，而对抽象概念的理解则要困难很多。所以，当我们遇到一些枯燥的知识点难以记忆的时候，给这些信息编一个有情节、有趣味的小故事，可以帮助我们记忆。

编故事法与记忆宫殿法类似，都是把要记忆的内容变成一段有情节的故事。但不同点是，记忆宫殿法有“锚”，通过锚定熟悉的场景来记忆；而编故事法则是利用故事本身在头脑中呈现出来的图画和情节来进行记忆。

编故事法的一般步骤包括：

（1）确定你要记忆的内容。

（2）想象一个具体且合理的场景或者故事。

（3）把要记忆的内容通过故事串联起来。

举个我女儿记物品的例子。图上有小狗、树、秋千、书包、创可贴等几种物品，这些东西都毫不相关，要求她在最短的时间记住这些物品。这个时候，她就把这些物品都串在了一个故事里：她带着小狗上学去，看到一棵树上挂着一个秋千，她就上去玩，但是不小心把手划破了，她就从书包里拿出创可贴贴在伤口上，高高兴兴地回家了。于是，这些不相干的事物就由一个故事串联了起来，很容易就都记住了。

再例如，我们想要记住 wish、witch、fish、sketch 这几个词，就可以编个故事：小女孩有个愿望 wish，想变成鱼儿 fish，在大海里畅游，一天，她遇到一个巫师 witch，在地上画出一个奇怪的形状（sketch），她就变成了鱼儿，游向了大海。

编口诀法

口诀法其实就是利用有节奏的押韵让记忆获得提示，可以让我们背起来朗朗上口。

编口诀的过程可以分为以下两步：

（1）找出每个词里面的关键词或关键字。

（2）把这些关键词或关键字连接起来，可以使用谐音；如果有顺序，则要按顺序把这些词语连接起来，使得句子押韵或者有节奏感。

比如，我在教女儿太阳系中各个行星位置的时候，就用到了一个顺口溜："太阳系，水晶球，火带木，土填海。"太阳系里的行星根据离太阳的距离从近到远依次为水星、金星、地球、火星、木星、土星、天王星、海王星。口诀里的"水晶球"指水星、金（"晶"音同"金"）星和地球，"火带木"可以指火星、小行星带和木星，此时"带"字指有12万多颗小行星的小行星带，还可以理解为火星后面"带"（紧跟）着木星；"土填海"指土星、天（"填"音同"天"）王星和海王星。

又比如，想要记住历史上的各个朝代，我们就可以通过《朝代歌》来记忆："三皇五帝始，尧舜禹相传；夏商与西周，东周分两段；春秋和战国，一统秦两汉；三分魏蜀吴，二晋前后延；南北朝并立，隋唐五代传；宋元明清后，皇朝至此完。"

我们还可以把想要记住的东西编在自己熟悉的旋律里，《哆啦A梦》主题曲的旋律就是一个可以"万能"套用的模板。比如，我教女儿加法的时候就用了这个旋律唱了"凑十歌"：一九一九好朋友，二八二八手拉手，三七三七真亲密，四六四六一起走，五五凑成一双手。关于进位加法也有类似的口诀：进位加法我会算，数位对齐才能加，个位对齐个位加，满十要向十位进，十位相加再加一，得数算得快又准。

我们在了解了记忆宫殿法、编故事法、编口诀法之后，一定要在平时的学习中加以运用。知道了不用等于不知道，要做到知行合一，把具体方法落实到行动上，才会真的有所收效。

学习金字塔原理认为，输出是一种主动学习的方式，能快速提升学习效率，这一章着重说说“讲”“说”“写”“做”等输出的方法。

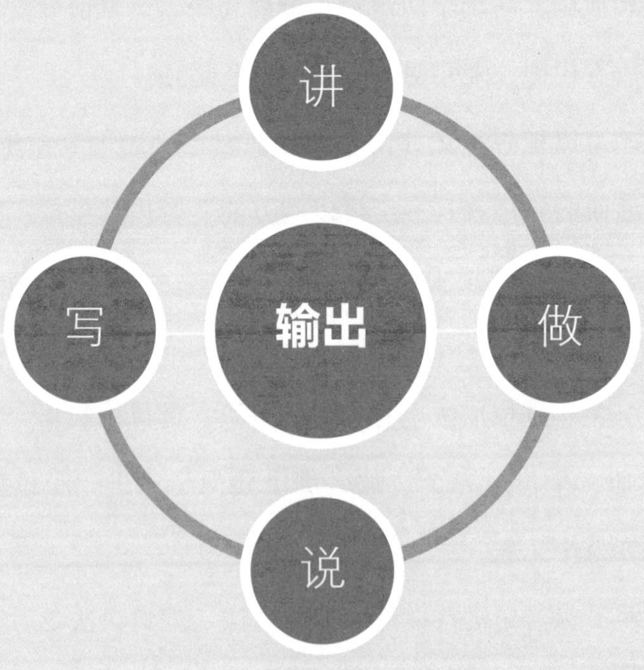

4

积极输出：讲得出才能学得会

输出才是学习的起点

不知道你有没有过“一看就会，一做就错”的体验。老师讲作文题的时候，把范文的结构、用词、修辞分析得清清楚楚，你也听得津津有味，可是自己写出来的作文却枯燥无味、颠三倒四；听老师讲数学题的时候，觉得每个步骤都能听懂，但是自己做题的时候，就经常不知道下一步该用什么公式来解题；学英语就更是这样，看得懂，写不出……现在的高考，越来越强调表达的严谨性、规范性、准确性，很多学生明明懂了某个知识点，就是写不清楚，白白丢分。

我们听了很多课、读了很多书却没有起效的重要原因之一就是输入过剩但输出不足。

在第一章中，我们已经知道输出是把学习者的内在隐性思维“显性化”的过程。输出能帮我们整理思路，完成知识的结构化，就像是把砖头砌成墙的过程。通过输出我们还可以获得反馈，从而去了解自己还有什么不知道，才能有针对性地查漏补缺，这就是真正理解知识的开始。

在这里，我还想把输出的原理讲得更深一些。我们平日的听讲、看书等动作，都是输入的过程，它刺激的是我们的感觉中枢，用来接收听觉和视觉的信号。这种刺激并不足以让我们对一个概念形成深入的理解。我们可能读了很多书，但文字只是从脑海中飘过，没有留下一片云彩，这样的大量输入只是一种自我满足。

要实现对知识的真正理解，需要不断训练我们的思维回路，反复地进行输出训练。我们在输出时，会使用运动神经来活动肌肉，例如写作时手部肌肉做运动，演讲时嘴巴和喉咙在运动……所以，本质上，输出是一种“行动”。只有实际运用过书中的内容，书上的知识才能“长”在大脑中。

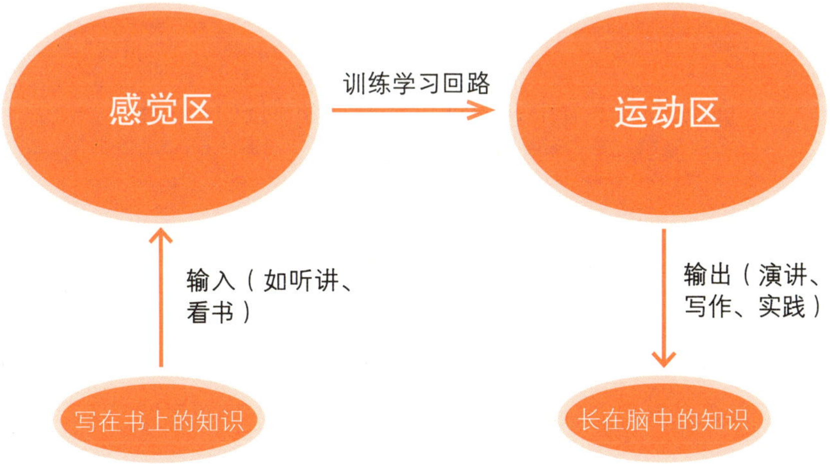

从输入到输出

我们的学习可以分成四种境界，分别是“不知道自己不知道”“知道自己不知道”“知道自己知道”“不知道自己知道”。而我发现，大多数同学几乎都停留在“不知道自己不知道”的状态。在学习的时候，盲目的背书和刷题并不能让你发现自己不会的知识点，于是知识的“网”永远都有漏洞，你在考试中自然很难拿到高分。

一个只输入而不输出的大脑很容易坚持不下去。输入和输出的黄金比例是 3 : 7，这意味着要花两倍多的时间和精力通过复习、写作业等方式进行输出。但是，大部分学生连 7 : 3 都做不到。我们要多多输出，才能通过输出倒逼输入。

输入是“知道”，输出是“行动”，只有真正“知行合一”，学习才能发生。只有通过输出，才能对真实世界产生影响。输出的关键在于持续行动，最忌讳的就是“道理我都明白”，却什么都不做。**真正和自我成长有关的，是我们的输出。**

在下面的几个小节中，我就着重来讲如何进行输出。

老师扮演法

《礼记·学记》中有这样一段话："学然后知不足，教然后知困。知不足，然后能自反也；知困，然后能自强也。故曰教学相长也。"

我作为一个老师，有一个深刻的体会，如果我想学一个东西，那就去开一门课吧。我曾经和一位计算机老师合开了一门人工智能的课程，为了能在讲台上把知识给学生讲明白，能随时应对学生的问题和挑战，我需要自己提前学编程、神经网络算法、遗传算法等自己原来完全不懂的东西，看大量的资料和书籍。而我发现，上了一个学期课下来，收获最多的反而是我自己，可见，"教"对于"学"有巨大的促进作用。

我经常推荐我的学生们用"老师扮演法"。我们回家之后，可以试着扮演老师的角色，让父母当学生，给父母讲述自己学到的知识。我们最好在家里放一块小黑板，学着老师的样子，一边在黑板上写写画画，一边向父母提问。通过这种游戏的形式，我们不仅巩固了学习，还增进了亲子关系。如果爸爸妈妈没有时间，我们可以找几个最喜欢的玩偶让它们排排坐，让它们当自己的观众，讲给它们听，这也会让我们成就感十足！

讲得出来的，才是自己的

能力强的人能像费曼一样把像量子力学、微积分这些晦涩的知识用孩童能听懂的语言讲出来，让普通人都能够理解。我们在讲述知识和概念的过程中，不要原样转述，不要死记硬背，而是要把抽象的概念转化成具体的例子，把拗口的词语转化成丰富生动的画面。

这里就拿线性函数来举例。给一个完全不了解函数概念的人解释时，要想将线性函数的定义和特点讲清楚，最简单的方法就是用例子和图表解释函数中的各个部分，如斜率和截距的意义和作用。

我们可以画出一个图表，假定它是 $y=mx+b$，显示了不同年龄段的孩子们的平均身高，图表中随着年龄的增长，孩子们的身高也在增加，体现了函数在描述身高和年龄之间的关系的作用。或者，假设我们搜集了一组数据，显示学生在不同学习时长下取得成绩的好坏，我们通过观察这些数据，可以发现学习时长的增加似乎与成绩的提高之间存在某种联系，这也体现了函数在反映学习时间和成绩之间的关系的作用。

讲出来才能发现问题

我们很难发现自己的漏洞，因为不知道自己不知道。所以，我们平时在做题的时候，经常会在同一个问题上反复犯错。我们遇到错题时，可能会去翻看一下正确答案，再订正错误，就觉得这样问题已经解决了。但是，错题订正完毕并不等于真正理解了。想要彻底地解决问题，还需要我们把题目的问题和解题的过程一步一步地、有逻辑地讲出来。在讲解的过程中，我们就会发现自己题目总是做错的原因，有可能是某个名词或者概念没有理解，有可能是某个条件没有看清楚，有可能是没有理解题意……根据不同的问题，找出适合的解决方案，才能起到事半功倍的效果。

我女儿一年级的时候，遇到这样一道题目："从 10 到 15 一共有________个数字。"答案是 6 个，但是我女儿写的是 4 个。我告诉她做错了，她又看了一遍题目，觉得自己没有错。我就让女儿在黑板上给我讲一下这个题目她的思考过程，她说，从 10 到 15，有 11、12、13、14 四个数字，所以是 4 个。我立刻明白了，她其实是对题目的理解有问题，她理解成了 10 到 15 之间一共有多少个数字，没有包括 10 和 15。所以，我就在黑板上给女儿写出来：

10到15一共有________个数

10到15之间有________个数

我问她这两个题目有什么区别，她说前一个问的是“一共”，后一个问的是“之间”，但不理解真正意义上的区别。我就给她一把尺子，让她帮我演示一下她理解的“一共”和“之间”的区别，她拿着尺子像模像样的给我解释，妈妈你看，10 和 15 一共有 10、11、12、13、14、15 这几个数字吧，但是 10 和 15 之间呢，也是 10、11、12、13、14、15 这几个数字呀。说完，自己就说，那不对呀，这两个怎么一样呢？然后自己又读一遍题目，恍然大悟，说，妈妈你看，10 和 15 之间是 11、12、13、14 这四个数字，不包括 10 和 15（如下图）。

题目示例

不过，我并没有就此罢休，我要求她用自己的语言再次讲解一下这两道题目的区别。因为我知道，点头说听懂了是一回事，能讲出来又是一回事，一定要自己重新讲一遍，能讲清楚了，才是真的把这件事情搞明白了，以后遇到类似的题目才能不再犯错。

同时，我们也可以要求父母做一个好的倾听者。下面我也给父母提出一些听讲的要求，你可以把这一段给自己的父母看，来争取你和父母能在你上课的时候打好配合，才能最大程度地发挥这一方法的效果。

延伸阅读

写给父母的建议——如何让孩子学会输出

1. 认真倾听。孩子讲课的时候，一定要认真听、用心听，不要玩手机，这是一种礼貌，表示对讲者的尊重。你是否用心，孩子是能非常敏感地捕捉到的。而且，孩子讲课的过程中，家长不要打断他的讲述。我们在听孩子讲课时的表现，也是给孩子听讲时的榜样。只有我们学会做一个好的倾听者，孩子上课的时候才能更好地听老师讲课。

2. 做好笔记。一定要拿着笔和笔记本，像在真实的课堂上一样记笔记，正所谓言传不如身教，这是我们教孩子如何听讲的好时机。我们这样一是给孩子做榜样，让孩子明白"好记性不如烂笔头"。二是要把孩子讲课过程中错误、遗漏和逻辑关系不清楚的点记下来，这样既能够掌握孩子学习的情况，同时，记笔记的过程表明你在思考，孩子也能从家长的行为中明白听课时需要主动思考。三是你的笔记也是孩子学习的对象，让孩子明白记笔记不是听写训练，而是将老师上课讲解的要点用自己的语言写下来，相当于给孩子示范如何运用符号和缩写迅速记下学习的内容。

3. 学会提问，给予反馈。孩子讲完以后，家长一定不要直接指出孩子的错误，更不要批评孩子，被指责的大脑里是装不进任何东西的。家长可以用提问的形式，把刚才记录的孩子还没掌握的知识点问出来，引导孩子去思考，孩子自己会意识到哪里是他还没掌握清楚的，会主动再去查阅书和课堂笔记，这样主动的学习就自然而然地发生了。如果想对涉及的知识点进行延伸和补充，可以在孩子讲解结束后进行扩展，引导孩子认识知识的生成过程。

演讲式输出

不知道你在学校有没有项目式学习或研究性学习的经历。通常在这种项目或者课题的最后，老师都会要求同学们在规定时间内，用一段演讲和演示文稿展示本学期的学习成果。这样用演讲的方式做输出，不仅是一种非常重要的学习形式，在你大学的学习和后续的工作中，都是很重要的交流方式。在大学期间，你需要作课程汇报、组会汇报和学位答辩，在工作后，你需要向领导汇报工作、向客户介绍产品等。所以，我们要重视利用演讲进行输出的方式。

“现在这个时代，几乎每个人都必须成为一个演讲者。”

你可能觉得演讲很难，我的很多学生也对演讲很头痛。他们最常见的问题有四种：一是想讲的内容太多，一下子准备了半个小时甚至一个小时的内容，导致严重超时；二是讲述的内容没有逻辑，缺乏条理，别人听了稀里糊涂；三是演示文稿上全是文字，没有图片，或者有图片但是图文不相关，演讲的时候也只照着演示文稿念词；四是演讲的时候特别紧张，紧张得语无伦次，完全不知道在台上自己说了什么。

演讲对我们来说是一项非常重要的能力，在职场中更是一项必备的技能，但我们的教育中并没有足够的演讲训练。在日常的课堂上，很多同学就连回答问题都会脸红，很少有机会锻炼自己公开演讲的能力。要想提高自己演讲的能力，就需要我们在平时不断地进行训练，练习把自己的想法有逻辑、有趣味地讲出来，这样不光能锻炼我们的语言表达能力，同时还能训练我们的抗压能力和控场能力。

如何准备演示文稿

很多人天天都在做演示文稿，但真正懂得如何做演示文稿的人却没有几个。这并不夸张，我列举几个误区：

- 演示文稿上基本都是文字，全是演讲的讲稿。
- 做演示文稿一定要套用现成的模板，觉得这样自己的演示文稿才够好看。
- 演示文稿用了很多炫酷的动画，认为这是自己演示文稿水平的体现。
- 艺术字、图片很多，但与文字关联性不大，只是因为觉得好看。

- 颜色搭配混乱，排版随意，图表胡乱使用，演示文稿没有重点。

……

演示文稿看起来简单，但如何做出亮眼的演示文稿也是需要我们专门学习的。

准备演讲演示文稿的过程中，最重要的原则是：**演示文稿只是工具，演讲者的逻辑呈现才是主体，我们要通过演示文稿来传递自己的核心想法。**要时刻注意演示文稿只是一个帮助我们展示想法的辅助工具，千万不要喧宾夺主，错误地认为演示文稿才是主体，而忽略了演讲者的重要性。很多人在演示文稿里，添加了大量复杂的动画和元素，花费了大量的时间，看起来也很用心，但其实形式大于内容，甚至会画蛇添足。其实，在演示文稿的制作软件发明之前，演讲都是以脱稿、板书等方式进行的，照样有很多精彩的表现。而如果演讲内容的逻辑性很弱，再炫酷的演示文稿都拯救不了他。

演示文稿制作还有其他一些注意事项，你在制作演示文稿的时候可以对照一下这个清单。

a. 简洁且有逻辑：在一张幻灯片上不要展示太多内容，每张幻灯片上的文字内容最好不要超过 5 行，每行最好不要超过 5 个字，写出关键词和核心要点即可。标题简单，分论点清晰，总结直白凝练，逻辑清晰明了，这样的演示文稿才能提纲挈领，让观众当场理解。

b. 最小化幻灯片数量：演示文稿的魅力在于用简明的方式传递演讲者的观点，如果堆砌大量的数据，观众会被淹没其中，跟不上演讲者的节奏。

c. 不要照着念 PPT：很多人会照着演示文稿念上面的文字，仿佛下面的观众都是文盲，需要演讲者念出来才可以。这样一来，演讲者的存在毫无必要，整个演讲过程也会相当索然无味。

d. 故事、笑话和图片：演讲中的数据会给人严谨的印象，但如果都是数字则会让观众听得很累，所以，要穿插一些动人的故事或生动的图片来吸引和调动观众的情绪，给观众留下深刻的印象。

如何准备演讲稿

凡事预则立，不预则废。所有的正式演讲都要准备演讲稿，而且要注意这时的演讲稿一定要是逐字稿。

你可能会觉得自己对演讲的内容已经很熟悉了，提前看几遍演示文稿，知道每页大概讲什么就行，剩下的靠临场发挥就足够了。但我想说，这是大错特错的。有很多著名的公众人物，在发表演讲之前都非常认真对待，即使自己很有名气了，仍旧坚持写逐字稿。

为什么一定要写逐字稿呢？

首先，我们每场演讲都是有时间限制的，写出逐字稿可以帮助我们控制时间。每个人语速不同，可以按照平均 1 分钟 200 字进行估算，那么一场 10 分钟的演讲，需要准备大概 2,000 字的文字稿。我们要确保演讲能在规定时间内完成，就要事先按照讲稿进行练习，同时要给自己计时，如果觉得讲稿中有不满意的地方，也可以调整稿件的内容。这样反复调整几次，我们就能基本把握演讲的时长，以免正式演讲的时候发现内容冗长繁琐还超时，或者讲得过于简略，没有把内容表达清楚。

其次，准备逐字稿的过程可以帮助我们厘清思路，让我们的观点更有条理。2,000 字的字数限制要求我们必须用最简洁的语言去传递核心信息。如果事先没有准备逐字稿，也没有进行演练，那么我们在场上说的每一句话都要靠现场发挥，就会容易说错，或者词不达意，甚至漏掉想要表达的部分内容，使演讲的效果大打折扣。演讲过程中的肢体语言也很重要，我们在熟悉逐字稿的时候，也可以设计适当的动作。

最后，逐字稿有助于我们在场上的稳定发挥。逐字稿并不是让我们在演讲的时候用来照着念的。如果我们在正式演讲之前，就能按照逐字稿把演讲的内容背得滚瓜烂熟，那么在正式演讲的时候就能胸有成竹、侃侃而谈。即使我们忘掉了部分内容，在看到幻灯片上的关键词后也能马上想起来，就算出现了突发情况，我们也能更从容地应对。在背诵逐字稿时，我们可以把自己练习的过程录下来反复听，不仅能加强记忆，同时也可以通过录音发现自己的不足，便于后期改进和提高。

如何克服演讲时的紧张情绪

我们面对大众演讲的时候会紧张，这是非常自然的事情。怎么克服紧张情绪呢？

首先，要尽可能地做好一切准备。可以先列一张检查清单，比如要提前了解观众的人数和兴趣点，事先熟悉演讲场地，检查设备是否齐全，话筒是否能正常工作，电脑是否能正常连接，演示文稿中的视频能否正常播放，座椅排布是否合适，等等。

其次，要理解演讲的本质。演讲不是自己的表演，而是通过演讲给观众传递信息。如果你太在乎自己的表达，就会紧张；但如果你转变思路，关注听众更想从自己的演讲中收获什么，把注意力从自身的情绪上移开，紧张的情绪就会有所缓解。演讲时，要注意语速，千万不要说得太快，这样观众可能反应不过来。同时，可以在台上适当地走动一下，注意观察观众的反应，与观众有眼神的交流，在合适的时候与观众有适当的互动，这样能让观众体会到演讲者的关注，就会更加集中注意力。

最后，学会应对演讲后观众的提问。在演讲之后，经常会有观众提问的环节。我们在准备演讲的时候，也可以事先考虑观众可能问什么问题，并且准备一些答案。如果观众的问题出乎我们的意料，那么可以让对方重复一遍，或者自己重复一遍问题，给自己争取思考的时间。如果我们真的不知道问题的答案，那么就如实回答，大方面对，然后表示后续认真研究之后会给予回复。

延伸阅读

消除紧张情绪的一些小技巧

1. 手边放一瓶矿泉水，紧张时可以通过喝水的吞咽动作缓解紧张。

2. 做三次深呼吸，用呼吸调整自己的交感神经和副交感神经的兴奋性。

3. 演讲前准备一张提示卡，万一演讲时忘词了，可以拿出来看一下。

4. 提前多加练习，最好可以达到肌肉记忆的程度，还可以进行模拟练习，在朋友或父母面前大声讲出来。

5. 照照镜子，挺胸抬头，给自己一些鼓励，增加自信。心理会影响行为，行为也会反作用于心理。可以对自己说："我已经练习这么多次了，肯定没问题。"这种积极的心理暗示有助于我们缓解紧张情绪。

用写作整理知识

写作也是输出的一种方式，只不过不是说出来，而是写出来，形式虽不同，但最终都是靠输出来倒逼输入。

你可能会觉得，谈写作就是要教你怎么写作文，那么你对于“写作”的理解可能就有些狭隘了。写作不仅仅是我们为了应付考试的“作文”，更是指我们书面沟通的能力。良好的写作能力不仅能让我们在中高考语文中取得高分，更能让我们在日后的学习、工作中脱颖而出，能让我们终身受益。我们以后写的自我简介、日常邮件、推荐信、工作中需要的通知单和相关文件等，都是我们写作能力的一种体现。

写作不仅是与别人沟通的一种工具，也是理解别人、表达自己的一种方式。哪怕你和对方没有见过面，通过文字所传递的信息，你也可以与对方建立信任，让对方从理性和感性上都与你达成一致。哈佛大学唯一的一门全校必修课就是写作课，清华大学也成立了专门的沟通与写作中心，由此可见，各大名校对学生写作能力的培养是非常重视的。

写读书心得就是一种很好的利用写作进行输出的方式。通过阅读，我们能收获很多，但是，仅仅阅读不思考、不总结、不输出，阅读的东西就会逐渐遗忘。读书和写作是一对孪生兄弟，读了书之后，如果把自己的收获和想法通过写作的形式在脑子里过一遍，那么阅读的东西才能更好地为己所用。

写作对我来说最大的好处就是能倒逼自己把学到的东西整理一遍，还可以传播给更多的人。工作之后，我发现我的学生们在学习方法方面有各种各样的问题，就去查阅了大量的书籍和文献资料，发现学习也是有一套科学的方法的。但是这个领域的很多实验结果都停留在实验室，没有走到校园中让更多的学生和老师知道。于是，我就在学校开了一门课，把这些方法教给我的学生。学生们对课程的评价很高，但是，这样的影响力只局限于我自己的学生而我想让更多的学生了解这些学习方法，就写成了一本书，我发现，书籍的影响力比我在学校的课程大多了。这本书出版后得到了很多人的好评，利用写作把科学高效的学习方法介绍给更多的人，让更多人受益，我也很开心。

当然，培养自己写作能力的过程可能会很艰辛。最常见的问题有三个。

一是写得慢 写得慢是因为落笔前对文章结构和流程没有把握，而结构和流程不清晰就会导致我们写作的时候没有思路，边写边纠结，写两句删一句。如果我们在写作前先列好大纲，构思好文章的框架，整理好文章的流程，脑中有行文的地图，这样我们在写作的时候就能行云流水。我在读博士期间，要把自己的科研成果通过发表论文的方式与同行进行交流。我开始不敢写，觉得自己英语不够好，但我的导师告诉我，写论文时英语水平不重要，逻辑才是最重要的。所谓的逻辑，就是文章的结构，先写什么、后写什么，为什么要这样安排和组织。只有安排好文章结构，才能更好地呈现出我们的研究结果，讲好我们的研究故事。

二是写出来别人看不懂 你可能会发现自己本来想传递一个意思，但是就是写不出来想要表达的意味，一下笔就变味了，经常词不达意，别人也看不懂你表达的是什么东西。问题的本质就是我们平时积累得太少，语料库里的素材太贫乏，对语言文字的控制能力太差。要想解决这个问题，就要求我们平时多看书，多积累，多学习别人的表达。

三是写出来干巴巴，没细节 在描述一个事件的时候，我们通常就是直白地写出来，缺乏像人物的语言描写、心理活动等细节的填充，这样的文章难免会像记流水账。我之前讲过的 5W1H 法可以帮你解决这个问题。当然，丰富的素材、天马行空的想象能力和精当的语言描写能力需要靠我们平时大量的积累和阅读，仅掌握模型还是远远不够的。在这个基础上，一定要多练习。写作的功力不是天生的，一定要通过后天经年累月的练习才能得到提升。

当然，写作除了能够帮助我们整理思路，倒逼输入，与人建立沟通，也是我们与自己沟通的一个很好的方式。我从高中开始每天记日记，通过写下自己的经历、感受和思考，我可以在回顾过去的时候重新体验那些重要的瞬间，同时，可以更深入地思考自己的行为、情绪和决策。这种自我反思有助于我了解自己的动机、价值观和成长方式，帮助自我改进，成为更好的自己。

写日记可以帮助我们回顾这一天内发生的事情，总结得失，察觉自己做得不好的地方并改正，对自己的坚持给予肯定和鼓励。日记可以是一面镜子，让你不断校正自己的想法，提高自己的认知。我在工作后仍旧保持了写日记的习惯，我会把每天学校的活动、上课发生的事情、学生的提问和我的思考都写进去，每过一段时间翻看一下，不仅能回想起学生成长的感人画面，还能让我系统地思考教学中的一些问题。把这些内容总结出来，关于教学的论文就随着我的工作自然而然地产生，而不是额外的负担。

写作并不难，但是，要想写得好，必须平时多阅读、多积累、多练习。阅读与写作相辅相成，两者结合起来，我们的写作能力一定会突飞猛进。

项目式学习

有道是“纸上得来终觉浅，绝知此事要躬行。”除了说和写，“做”也是输出的一种重要形式。

孔子周游列国，就是通过行走的方式，带着弟子们游学。在古代的欧洲，贵族学习的一个重要的方式就是“大游学”。大游学的方式与我们现代工厂化的教学方式不同，学生们不是坐在教室里听讲，而是周游列国，去当地拜访名师、结交益友。现在一些新式的学校也在探索类似的教学方式，每年寒暑假招生，让学生们在大科学家、企业家的指导下，开展以重大挑战问题为牵引的精深学习。这些学校已经成功举办了一系列导学课、创新科研体验营、暑期学校等研究型培养活动，是我国在正式学制之外的一种很好的补充与探索。

在我们的学校教育教学改革中，很多学校已经开设了项目式学习的课程，在“做中学”中进行了非常多的有益探索。这些项目的主题和学生的生活相关，学生围绕自己选定的主题去探究并解决问题，激发了学生学习的兴趣。

我曾经辅导过一个“鱼菜共生”的学习实践项目。在我们学习生态系统和生态工程的内容时，提到了“鱼菜共生系统”，这个系统能把水产养殖和水耕栽培这两种原本完全不同的技术结合起来，既能实现养鱼不换水，也能实现种菜不施肥。听完这些内容以后，我的学生们跃跃欲试，都想亲身实践一下。但是，在操作过程中，同学们遇到了很多问题，有的把鱼儿养死了，有的种的菜活不了，我就引导他们去探究这里面的问题。他们通过测量水中氨和氧气的含量、测定 pH 值等，发现这些问题是氨的含量太高导致的。于是，他们就在水中加入了适量的硝化细菌来分解水体里的氨，使得水质有了明显的改善，动物、植物、微生物三者之间达到一种和谐的平衡关系。

项目式学习是一种以学生为中心的学习方式。它要求我们首先要明确选题，从真实生活中的问题出发去解决问题。我们可以问自己这个项目为什么重要，我们通过这个项目要实现什么样的目标。之后，设计相关的研究思路，寻找相关的研究方法，并制订具体的研究计划，包括我们怎么进行这项研究，预计多久完成，可能会出现什么问题，我们打算如何解决，和谁一起来解决这个问题。然后，从准备材料开始，一步步完成这个项目，项目过程中一定要做好记录，这样遇到问题可以追溯和分析。最后，总结我们的研究项目：通过这项研究，问题得到解决了吗？我们得出了什么结论？我们有什么收获？通过这种方式，我们不仅能把各个学科的零散知识综合运用起来，还培养了我们的科学研究、项目管理和沟通协作的能力，这都为我们将来进入社会打下了良好的基础。

可是，如果学校没有项目式学习的课程，那是不是就意味着我们没法进行实践学习了呢？当然不是。在语文的学习中，我们可以抽寒暑假的时间去游学。去北京参观大观园，去找找黛玉葬花、雪中对诗的场景，体会她“质本洁来还洁去，强于污淖陷渠沟”的心境；去济南看看趵突泉，体会一下什么叫作“清浅、鲜洁、活泼”；去杭州逛逛西湖，体会一下苏轼笔下“淡妆浓抹总相宜”的美妙绰约。对于地理、历史等文科，我们可以多去博物馆参观，或者跟随科考团队进行考古挖掘等。对于物理、化学、生物这些实验科学，我们在学习过程中要多动手做实验，从实验中掌握方法、总结规律。

能将知识迁移应用也是一项重要的能力，这要求我们把书本上的理论应用在现实生活中。这也是现在高考的考查重点。现在的最新版课程标准和各个省市的高考题目中，有大量的题目都是以生产生活中的实际问题为背景，要求学生综合运用所学的知识去解决问题。

举个例子，课本上有一道题目是这样的：我国规定机动车在高速公路上的行驶车速最高不得超过 120 千米 / 小时，且与前车保持不少于 200 米的车距。为什么交通安全法规要如此设定？这就是一个跨学科的问题，首先涉及了物理问题，120 千米 / 小时约等于 33 米 / 秒，那么这 200 米的距离给司机留出的反应时间就是 6 秒。其次，还涉及了生物问题，我们知道神经系统在进行非条件反射的时候，视觉信号会先被传递给大脑皮层做出综合分析和处理，之后还需要兴奋在神经纤维上传导并且经过多次突触的传递，才能到达人的效应器，做出应急反应。一般来说，正常人的应射时间是 0.1 至 0.5 秒，然而如果需要处理的问题比较困难复杂，那么就会需要 1 至 3 秒。所以交通安全法规预设的反应时间必须大于正常的反射传递时间，6 秒就是这样一个安全边际。

上面类型的题目就是考验我们灵活运用的能力，这要求我们在平时学习知识的过程中要多思考，更要多动手实践。我曾看到一则新闻，一位物理系的研究生，暑假放假回家，却连家里的灯泡都不会换，这就是学了知识不会应用，学成了书呆子。当然，这是个别现象，我们学完了高中物理知识后，大多数人应该就能处理简单的串并联电路了。通过动手实践，我们不仅可以更深刻地理解知识，还能培养解决问题的能力，所以，我们在有时间、有条件的情况下尽量多进行“实践输出”吧。

解决难题的四个步骤

我们在学习和实践过程中，肯定会遇到困难和不懂的问题，该怎么解决呢？这一节，我们来讲一讲如何分析问题，如何把自己没有弄清楚的点搞明白，如何培养自己解决问题的能力。

世界经济论坛把解决复杂问题的能力列为十大职业技能之首，而且，企业未来最看重的能力不再是战略能力、执行能力，而是创造性地解决复杂问题的能力。“这个世界不再仅仅因为人们知道什么就奖励他们，因为谷歌知道一切。”所以，解决问题的能力特别重要。

关于如何解决问题，有一家公司特别有名，他们专注于帮别的公司解决各种各样的难题——这就是著名的管理咨询公司麦肯锡。麦肯锡公司解决问题的过程可以大致分为七个步骤，包括定义问题、分解问题、划分优先级、制订计划、选择分析工具、综合分析、阐明观点。我觉得他们解决问题的方法对于我们学习也非常有帮助，我把这七步简化了一下，分为四步：定义问题，分解问题，找到对应的知识点或解题工具，正确解题。

拿到题目，要先审题，就是定义问题的过程。定义问题是解决问题的前提，我们要保证我们对题目的理解与出题人的理解是一致的，因此，花一些时间来审题是非常有必要的。审题要看如下几个方面，确定问题描述的主题、动词、重点和范围。主题是关于什么的？动词是什么？这个问题的重点是什么？

其次，分解问题，就是把一个大问题拆分成很多个小问题。这里介绍一种很好的分解问题的方法：逻辑树。逻辑树本质上并不是告诉我们问题的具体答案，而是教会我们思考和分析复杂问题的方法。逻辑树是将问题的所有子问题分层罗列，从最高层开始，逐步向下扩展。我们可以把一个已知的问题作为树干，然后开始思考这个问题与哪些子问题或者子任务相关，分支可以进一步分叉，一个大的分支可以有多个小的分支。也就是说，无论多么复杂的问题，都可以顺着影响事物发展的顺序，层层溯源，从根本上解决问题。

再次，找到对应知识点或者解题工具。当我们把问题拆分清楚之后，就要调用自己学过的知识，从中找出哪些知识点与这些问题相关，定位这些问题的具体解题工具，回忆当时老师上课时候的讲法，以及自己平时做练习时的相关总结，综合运用这些东西来帮助自己正确解题。

延伸阅读

重视问题中的动词

在考试中，问题中会出现很多动词，注意比较不同动词之间的含义，这样才能准确的回答问题。

动词	含义
导致	给出原因
比较	写出观点间的相同点和不同点，得出结论
对比	突出观点之间的差异
讨论	给出能支持你观点的最重要的方面
说明	举出例子，把事情阐释清楚
概述	描述最主要的观点

注意：区分看起来类似的词语，比如“对比”和“比较”是不同的

最后，正确解题。正确解题一定是建立在理解清楚题目并知道用什么知识点和工具去解决的基础上的，此时，我们需要有逻辑、有条理地把解题的步骤呈现出来，让阅读答案的人（如阅卷人等）

清楚明了地看到我们的逻辑链条。

例如，我们面对的问题是：如何计算一个矩形的面积？

（1）定义问题：要计算矩形的面积。

（2）分解问题：将问题分解为更具体的子问题。

① 如何确定矩形的长度和宽度？

② 如何应用正确的公式计算面积？

（3）找到对应的知识点或解题工具：

① 学习测量距离的方法，例如使用尺子或其他测量工具。

② 理解矩形的定义和性质，知道矩形的长度和宽度的定义。

③ 学习计算矩形面积的公式：面积 = 长度 × 宽度。

（4）正确解题：

① 使用工具测量矩形的长度和宽度，记下所得的数值。

② 将测量得到的长度和宽度代入矩形面积公式，进行计算。

③ 将乘积作为矩形的面积。

这个例子给我们展示了如何应用解题步骤来计算矩形的面积。通过定义问题、分解问题、找到对应的知识点或解题工具，并最终正确解题，我们可以更好地理解和解决问题。这样的步骤对于解决任何问题都是适用的，我们可以在日常生活中多加应用。

谁是你的学习伙伴

前面几节讲了输出的方法，本节给你说说输出的对象。我们最好找一个合适的学习伙伴，努力寻找周围的支持系统，来帮助我们做输出。利用好这些“伙伴”，能让我们更容易进入学习的状态，提高学习效率，提高克服困难的勇气，帮助我们持之以恒地输出，不断取得进步。

同伴

同龄人是我们进行输出练习最好的对象之一。美国康涅狄格大学和华盛顿大学的一项联合研究表明，当合作学习时，孩子们能学得又快又好。因为同龄人的存在增添了新奇和刺激感，能够强化学习效果。而且，同龄人之间会不断互动，可以交流展示彼此的学习方法和成果，也为彼此的学习提供了动力。由此可见社交互动对儿童学习的重要性。

我在小学的时候，有一个关系很好的同学，我们俩是班里学习比较好的两个女生，我经常到她家去与她一起学习、一起玩耍。三年级放寒假之前，我去她家住，发现她已经把老师布置的寒假作业写了一半了。我顿时觉得自己落后了，就偷偷地在早上 5 点起床，努力追赶她的进度。然后我们两个在寒假正式放假前，都已经把寒假作业写完了，这样我们的寒假就空出来大量的时间去做别的事情。

有这样一个良好的学习伙伴是一件特别幸福的事情。你们有共同的学习价值观，会对学习的内容都充满热爱，对学习的能力都充满信心，在学习的态度上都积极乐观。你们在一起相互讨论可以促进思考，从同伴身上获得灵感；相互激励会让你更愿意学习，形成一种“比学赶超”的氛围；相互分享知识会让你更快乐，也能让我们自己的想法更清晰，理解更深刻。同时，同伴之间的及时反馈，可以让我们了解自己的不足，有助于帮助自己快速修正错误。

不过，和同伴一起学习时，也有一些需要注意的事项。同学来请教你的时候，就是你通过输出来巩固提高自己的绝佳机会，这个时候你输出得越多，收获得越多。这种机会不要白白浪费，一定要主动地教给别人。还有，一定要设定好学习纪律，规定好学习的时间，期间不允许讨论与学习无关的话题，不能跑题，把朋友间的闲聊放到学习时间结束后。当被对方指出错误的时候，要学会正向思考，这些意见可以让我们找到自己的盲区，帮助我们提升自己。对于朋友的意见，重点要放在如何去改进，不要陷入自我否定的负面情绪里，更不要对朋友产生看法，这本身就是具有“成长型思维”的表现。拥有成长型思维的同学，能够正确对待别人提出的建议，从而及时调整自己的学习方法，保持不断学习的精神，也就能够一直进步。

同时，我们也要学会给别人提建议，这样我们和同伴之间的意见交流才能形成一个良性的反馈。这里我介绍一个用来提建议

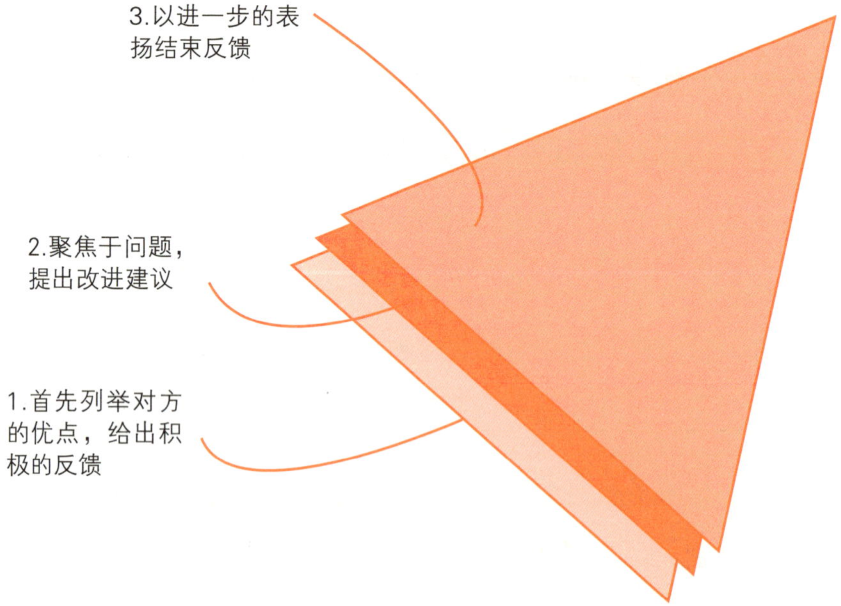

“反馈三明治”模型

的“反馈三明治”模型，我们在给同伴提建议的时候，首先肯定对方做得好的地方，给出积极的评论。在指出问题的时候，要聚焦于问题本身，不要针对对方或者翻旧账，做到“对事不对人”。最后，最好能进一步提出切实正面的建议，再以表扬结束，在轻松愉悦的氛围中结束讨论。

延伸阅读

找同伴学习的一些注意事项

1. 选择有积极学习态度和良好学习习惯的同学一起学习。
2. 制订学习计划，为每个阶段设定目标。
3. 共同遵守制定的规则，学习期间不聊闲话。
4. 学习期间关闭手机，相互监督。
5. 相互学习，相互合作，虚心听取对方的意见。
6. 学会给对方提建议，采用“反馈三明治”模型。

家长

家长是我们完全可以信赖的“大伙伴”。每天放学回家以后，可以给他们讲一讲今天学过的知识，这相当于一次复习。也可以把自己的错题给他们讲一遍，来提醒自己以后不再犯同样的错。还可以和他们分享自己在学校遇到的有趣的事情，让他们了解你的学习和生活，这样如果你遇到了困难，他们可以更好地帮助你。或者可以和爸爸妈妈一起读书，周末组织一场家庭读书会，分享自己的读书心得。

老师

作为一名老师，我想和同学们表达的是，大多数老师是非常愿意与学生交流的。老师是你最宝贵的学习资源，如果你有问题，一定要毫不客气地向老师请教。不过，无论是课堂上还是私下，很多同学在向老师提问的时候会觉得有点羞涩，总担心自己问的问题愚蠢被别人笑话，所以很难去主动接近老师。其实，虽然老师平时工作很忙，但对于学生提出来的问题一定会第一时间回答的，学生一定是老师工作的第一位。如果你不去找老师，老师也不知道你有什么问题，可能就以为你会了。所以，一定不要怕麻烦你的老师哟！

网络

现在的网络上有各种学习类的应用，也有丰富的公开课资源，能帮助我们输入，同时，也能够帮助我们进行输出。我们可以把自己学到的知识录成视频，分享给更多的人。我自己在高效学习的方法上有一些心得，就制作了一系列短视频进行分享，收到了很多网友的正面评论，也收到了一些问题，回复问题的过程中，进一步的互动引导我进行了更深入的思考，让我获益良多。所以，如果你愿意，也可以把自己学到的东西分享出来，这会是一件很有成就感的事情。

自我正反馈，一种了不得的学习能力

有效的反馈不一定是由老师或同学给出，我们自己也可以对自己给予反馈。关于如何在没有外界高质量反馈的情况下进行输出，或许我们可以从富兰克林的故事中得到答案。

富兰克林在自己的自传中谈到，如果他的写作仅仅通过学校教育，那么他顶多是一个普普通通的写作者，能把句子写通顺就不错了。他偶然看到了一期名为《观察家》的英国杂志，发现里面的文章都写得太好了，他发誓自己也要写出这样好的文章，但是周围并没有人能教他。他该怎么做呢？

他就自己教自己写作。他开始先观察这些出色的文章是如何写的，并且模仿里面的句子、措辞，然后把自己的文章与《观察家》里的原文做对比，逐字逐句地推敲自己的文章与原文的区别。他发现一个问题，原文中那些词语他并非不认识，但就是无法在自己写作中信手拈来。这其实就是我们前面讲到的“能输入但是无法输出”的问题。于是，他就找来一个积累本，将大量的同义词、同音押韵词等记录下来，经常去翻看，让它们停留在大脑中，并且不断地在写作中刻意运用这些词。逐渐地，他能够做到迅速地从记忆中调用这些词汇了。

然而，富兰克林发现，仅有华丽的辞藻是不够的，一篇好的文章关键在于其总体架构和逻辑。他又找来《观察家》里的文章，把每一段、每一句话的逻辑关系整理出来，并且写出了一些提示线索。他把这些线索写在纸上，并故意打乱这些线索的顺序，等自己快要忘记的时候，重新整理这些线索，对比自己安排的逻辑与原文的区别，琢磨原文的安排顺序到底好在哪里、什么样的安排方式更引人入胜且说服力更强，然后从这些错误中学习，不断纠正自己。

富兰克林的故事给我们提示了一个重要的方法：**在无法得到足够多来自老师、家长的反馈的情况下，我们可以自我反馈、自我教育——这是一种特别重要的自学能力。**

我会把这个故事讲给我的学生，并且鼓励他们也这么做。这种做法不仅适用于写作文，对于任何学科都是非常有意义的。比如，我们做数学和物理题目的时候，可能会因为逻辑不清楚、过程写不明白而丢分。针对这个问题，我们可以多去模仿课本例题和习题册答案中给出的解题步骤，把自己的解题过程和答案的过程相比较，琢磨答题要点，发现自己的不足，再去改正，这样我们才能不断取得进步。

当我们通过输出发现学习中存在问题的时候，就要再回去学习，把知识漏洞补上，并用练习来巩固。所以，这一章，我来讲讲回顾学习。

5

练习与复盘：会做题才能考得好

一万小时定律：如何正确地刷题

人们眼中的天才之所以卓越非凡，并非天资超人一等，而是付出了持续不断的努力。一万小时的锤炼是任何人从平凡变成世界级大师的必要条件。

——马尔科姆·格拉德威尔

作家马尔科姆·格拉德威尔提出，在任何领域取得成功需要至少一万小时的练习，这被称为“一万小时定律”。我们常说的“台上一分钟，台下十年功”，其实也是这个道理。

前段时间95后快递小哥李庆恒火遍全网，被评定为杭州市D类高层次人才。李庆恒并不是什么名校毕业生，凭什么能被评为高层次人才？因为他能从数百件物品里，一眼就把固体胶、U盘、打火机、人民币、乒乓球等航空禁寄物品挑出来；他能在 12 分钟内在电脑上完成 19 票件的派送路线设计，用最少的时间、最短的路线，确保快递准时准确送达；无论快件上标的是城市、区号、邮编还是航空代码，他都能准确无误地进行分拣。这些都是长时间的重复训练练就出来的。

“一万小时定律”是学习的正确方式。大脑的存储方式和电脑不同，不是输入一次就能永远储存在那里的。**学习和记忆的本质就是在神经元之间建立新的连接**。想要把一门知识或者一项技能“长”在大脑中，唯一的办法就是重复。长期的重复训练其实是驯服大脑的一个过程，它让大脑中的神经元连接成新的更为复杂的网络结构，这样我们的知识和技能就会不断地生长出来。

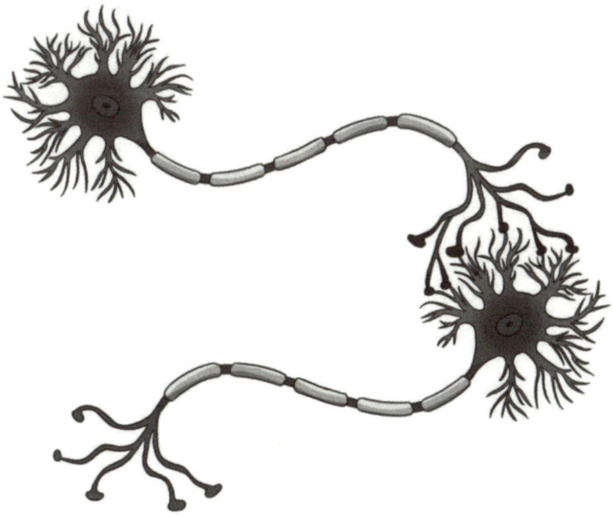

神经元的连接

大量的认知心理学研究表明，如果没有充分的练习和足够的时间投入，我们不可能精通任何一门知识或者一种技能。就拿咱们熟悉的足球来说，如果你在带球的同时，还在思考射门的角度和速度，那么你一定不是一个出色的球员。像带球、射门这样的动作必须达到不假思索的程度，才能留出足够的时间去判断场上形势，思考战略战术。

学习也是这样。通过反复的练习，我们才能把对知识点的理解转化成肌肉记忆，自动化地处理那些最基础的问题，这样在考试时，我们就能为处理那些新的情况和高难度的问题争取时间。

这里说的“重复”不是一直重复自己会的东西，不是重复做起来很轻松的事情，这种重复叫作低水平重复。那怎样才能拒绝低水平的重复呢？下一小节我们揭晓答案。

刻意练习：重塑大脑的技巧

“刻意练习”这个词来源于安德斯·艾利克森和罗伯特·普尔的专著。艾利克森一直想搞清楚天才到底是天生的还是后天形成的，他潜心研究了一系列行业或领域中的专家级人物，发现不论在什么行业或领域，大家都遵循一个普遍原则来帮助自己提升能力、达到成功，这一原则就是刻意练习。

“刻意练习”本质上就是有目的的练习。这种练习和低水平重复之间的区别在于“练什么”。在运动员中，普通运动员可能会在单一的重复中花费大量时间，但顶尖的运动员则更多地选择去练习自己做不好的动作，不断挑战自己。这个过程中他会经常遭遇挫折，但仍旧不停地尝试去解决自己遇到的问题，直到形成肌肉记忆为止，这个过程就是刻意练习。

刻意练习包括四个步骤：第一步，定义明确的特定目标；第二步，保持专注，把全部注意力集中于你的任务上；第三步，需要反馈，反馈会帮你搞清楚哪方面不足、离目标有多远；第四步，走出舒适区，不走出舒适区永远无法进步。

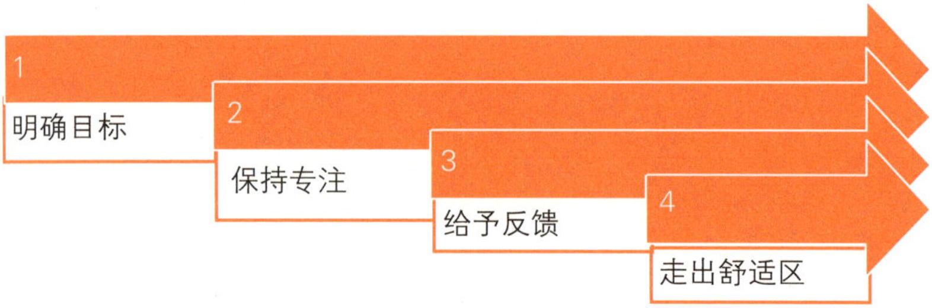

刻意练习的四个步骤

研究表明，有针对性的练习可以重塑大脑。我们平时说一个人在某个方面有天赋，其实是指他在这方面的记忆容量更大。这种对特定领域的信息进行暂时加工和贮存的记忆被称为工作记忆。比如，专职驾驶员由于长期开车，大脑中负责空间导航的海马区便会增大；专业音乐家的大脑中，对应听觉、躯体感觉以及运动的区域皮层厚度也更大。

刻意练习也需要一定的技巧，比如间隔、交替、拆分等。

间隔： 间隔是指当我们学完一个知识点之后，故意把它放几天，等到快忘记的时候再去复习，这样效果会更好。心理学家认为，这叫作故意给自己制造有利的困难，快忘记的时候回忆知识点是有困难的，然而，有困难才能加强我们的提取记忆，克服困难才能深度学习。很多背单词的软件就是遵循了这个原理来设置时间间隔，来帮助我们最有效地提取记忆。

交替：我们在做习题的时候，不要一次只做一种题型，要不同的题型混在一起进行练习。如果老师上课讲了某个题型，我们下课就练习同类型习题，那么练即所学、学即所考，难道不是提升成绩最有效的方式吗？但是，到期中、期末考试的时候，所有题目是混合穿插在一起的，我们需要判断哪道题目用哪个套路，所以，在平时的练习中，我们也要训练临场应变的能力，才能做到学以致用。

拆分：拆分是指我们要把学习的内容分成不同的部分来学习。不要想着以最快的速度在短时间内把这个知识学会，突击可能会让我们在某次考试中取得好成绩，但是突击学来的知识是短暂的，并不会被大脑加工进入长期记忆，因此，学完后很快就会被遗忘。而拆分的方法，就是让我们在复习的时候，把每门学科的内容分开，在一天中把各门学科的学习内容安排在不同的时间段，这样学习的效果是一天只复习一门功课的至少两倍。

刻意练习不是只在特殊的时刻、特殊的场合才能进行的练习，它要求我们培养以“有目的练习”为导向的心态，将日常学习都变成刻意练习，这样我们才能发展超出自己预期的能力，发掘自身的潜力，我们的成绩才能有根本性的提升。

经常有学生向我抱怨刻意练习很苦。首先，刻意练习要求我们重复训练，而我们并不喜欢机械的重复，就像我们看小说、电影、电视剧的时候最不喜欢剧情重复一样。第二，刻意练习时你需要不断挑战自己，你经常会遭遇挫折，但还是要不停地重复直到真正学会为止。所以，刻意练习的过程必然让人感觉很艰难。

但刻意练习也是一个获得的过程，是一个充满幸福的旅程。当你认真学习的时候，能够进入心流的状态，这个时候时间仿佛都消失了，同时会高度兴奋，反而会觉得学习是一件快乐无比的事情，中间虽有苦但不痛，而且会让人有种愉悦的满足感。

用思维导图看到知识的整幅图景

前面我们讲了如何对知识点进行练习，但这还不够，我们要把视角从一个“点”抽离出来，把这些点连成线、织成网，看一下知识的整幅图景。

思维导图，又叫思维地图。就像我们走路要有地图一样，我们学习也要有地图，要能看到知识的整体，才能做到胸中有丘壑。思维导图的发明人东尼·博赞先生说：“如果学习是一次作战，那么记忆术就相当于士兵手中先进的作战武器，而思维导图就是卓越的指挥官的战略思想和作战方案。”

除了作为战略方针，思维导图还能让我们把点状的、线性的知识结构化。东尼认为，人的思维不是线性的，不是表格的，而是放射性的，就像烟花一样，从一点出发，无限绽放。人类大脑的工作机理是想象和联想，是图像化的，大脑处理视觉的速度比处理文本信息的速度要快60,000倍。所以，他发明了思维导图，将人们从“文字思考和记录的监狱”中解放出来。

我们可以利用思维导图帮助记笔记，提升我们记忆的效果。如何做一幅有效的思维导图呢？最重要的是要做出颜色丰富且图文并茂的发散结构。一幅思维导图由四个重要的部分组成，分别是中心词、分支、关键词和颜色，这里就以我的自我介绍为例进行说明，对应的思维导图见右页。中心词就是自我介绍，它代表了这幅图的主题。分支就是从中心词出发的一层一层像树枝一样伸出去的分叉，越接近中心词分支越粗，越往外延伸分支越细，小分支代表了更多的细节或者例子。关键词就是在分支上写出的文字，起到提示作用，不同的分支是不同的项目，例如姓名、地区、职业、兴趣、外貌等，所有的关键词都要通过分支与中心词相连。颜色给我们以视觉冲击，不同的分支最好使用不同的颜色来进行说明。

然而，如果你只把思维导图看成一种记笔记的方法，那就低估了思维导图的作用。思维导图还是思考的工具，是帮助人们进行创新的工具。微软公司创始人比尔·盖茨曾说：“思维导图能够将众多的知识和想法进行连接，并有效地加以分析，从而最大限度地实现创新。”很多公司在做大型项目时会进行头脑风暴，每个人的想法都不一样，这时就要用到思维导图去整理大家的发言，把大家的观点进行汇聚，这样就能在最大程度上把大家的想法连接起来。

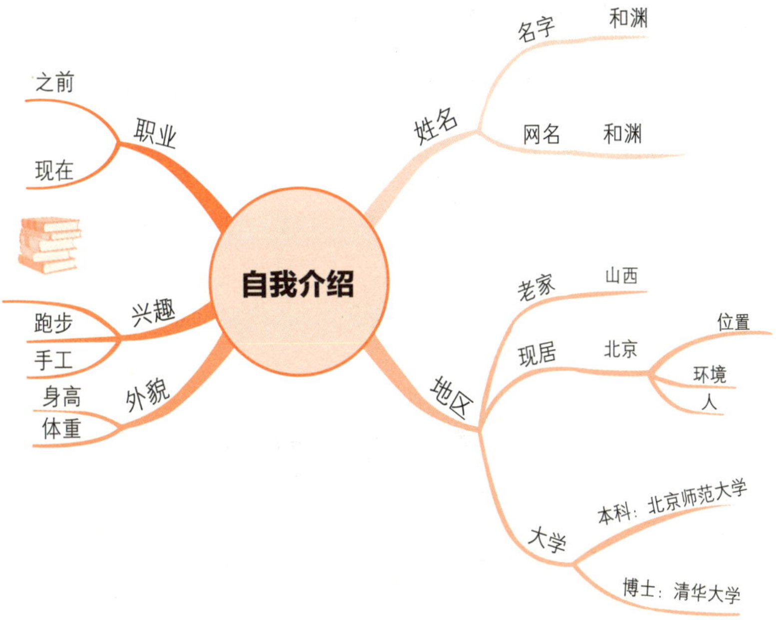

“我”的简历思维导图

关于绘制思维导图，还有一些误区，我们要注意避免。第一，担心自己画画不好，不愿意画思维导图。思维导图不是考验绘画技巧的，画得好不好看都没有关系，即使零基础，也能做出一幅很漂亮的思维导图。而且，现在有很多软件和手机应用可以辅助我们画思维导图。第二，不是所有的图文笔记都是思维导图。思维导图包括图形和文字，但是有图形和文字的笔记并不一定是思维导图，比如气泡图、逻辑图、鱼骨图等，不要把这些图形混淆，思维导图必须是颜色丰富的发散结构。第三，不要为了画思维导图而画思维导图，思维导图只是一个工具。我们在做思维导图前，一定要想清楚要解决的问题是什么，思维导图创建完毕后，也要检查一下问题有没有得到解决。如果只是看起来美观，所学的内容根本没有进入大脑，花了再多时间也只是无用功。当然，导图如果既解决了问题，看起来也很美观，那肯定是非常好的事情。

延伸阅读

画思维导图的要点

1. 纸：纸张最好横放，A3 纸比 A4 纸更好，这样空间更大，有利于思维的发散。

2. 笔：为了记忆更深刻，线条的颜色要丰富，尽可能超出 3 种颜色。

3. 画图顺序：先定主题词，然后从右上角开始，顺时针到左上角结束。

4. 画出分支：先画第一层分支再画第二层分支，同一层分支之间是并列关系，从第一层到第二层是包含关系。

5. 画图要点：因为图像能够帮助我们触发无数联想，加强记忆，所以，信息尽量用图来表示，如果必须使用文字，那么尽量简短。

考试是高效的复习

有时候，你考前觉得自己已经复习得很好、很全面了，可是考试时还是发现了很多没有复习到位的地方？这是正常现象，织网不够密就会有漏网之鱼。前文提到，通过复述知识，我们可以查漏补缺，除了这个办法，还有别的途径吗？

答案是：考试。

我能想到你在读到答案那一刻的诧异。我明明是想在考试中取得好成绩，你怎么让我在考试中找漏洞呢？其实，为了在大考中取得好成绩，我们需要在平时多给自己考试。

为什么考试可以达到查漏补缺的效果呢？因为考试是对我们记忆内容的乱序提取。我们平时复习的时候，都是按照章节的顺序和知识点之间的逻辑关系进行复习的，这叫作顺序提取。而考题可不会按照章节的顺序来考察，它总是以我们意想不到的方式来到我们面前，经常会打我们一个措手不及。把一本书看好多遍，只是让我们对内容“熟悉”而已，而熟悉并不等于理解。所以，我们在很多情况下会高估自己的知识，我们以为自己知道，实际上并不知道。要想达到真正的理解，唯一的办法是测验。没有测验，你的知识只是幻觉。

测验的过程其实是完成了“猜想 → 反馈 → 改进”的循环。对于一个你不确定的知识点来说，先通过你的猜想得出一定的假设，再通过考试的结果对你的假设进行反馈，如果假设是错的，就可以根据反馈进一步改进，从而巩固记忆。所以，考试有两大好处：一是能告诉你什么是你知道的、什么是你不知道的，你就可以判断哪里是薄弱环节，以后要把精力放在哪一部分，有针对性地加以改进；二是能有效地中止遗忘，帮助我们进行记忆的乱序提取，不断地强化新旧知识间的联系，更深地加强记忆。

可见，平时要给自己多一些小测验，这样能帮助自己在平时的学习中找到自己的漏洞，更高效地复习，更有效地提升成绩。那么，如何在平时给自己做测验呢？我提供几种可参考的方案。

（1）日常预习时：预习采用“测试”的形式。加州大学洛杉矶分校的心理学家罗伯特·比约克夫妇曾经做过一个实验：对于两个水平相当的班级，一个班正常学习，对另一个班则在课前对三节课的内容进行了一次小型“预考”，先预考再学习。两周后，两个班一起综合大考。结果表明，提前预考的班级，比没有预考的班级平均成绩高10%。你可能会有疑惑，还没学呢，怎么考呀？正如我们之前说，所有的新知识都是建立在旧知识的基础上的。测试正好是一种非常好的帮助我们找到“新知”的方式，也是找到重难点的过程。不需要做多少题目，我们只需要看着例题，挡住答案，尝试着做就可以，这也是一种“测试”，能让我们之后的学习效率上一个大大的台阶。

（2）每日作业时：我们每天写作业的过程也是一种“测验”，它在检测我们当天学习的效果。我会给学生的作业提一个附加条件，就是一定要计时。这样有时间的紧迫感，就像是在模拟考试，会使我们写作业时更专注高效，更容易进入心流状态。

（3）周末复习时：每周复习的时候，除了画思维导图，我们可以给自己找一套与最近学习的知识点相关的试题，限时做，再与正确答案比对，从错题中寻找自己的知识漏洞。

你可能还会遇到这样的问题，刚开始觉得自己成绩提升挺快，但是复习一段时间，发现自己成绩不提升了，反而有一定程度的倒退。其实，这是正常现象，被称为学习中的“高原现象”。“高原现象”出现的原因很复杂，不仅仅在我们的学习中经常出现，在很多竞技体育和艺术类的练习中也是常见现象。当我们的水平达到一定程度时，旧的技能结构会限制我们发展新的行为，我们会被困在旧的知识结构中。在没有完成改造之前，成绩只会停顿甚至暂时下降。怎么才能完成改造呢？就是要一直坚持，直到新的技能结构建立起来，就是所谓的“量变引起质变”。“高原现象”就是黎明前的黑暗，我们要有一种勇于突破的精神，熬过这一段时间，你会发现自己有突飞猛进的提升。

我们要认识清楚考试的目的，不要把它看成一种老师或学校对学生的评价指标，而是一种对自己学习的反馈。我们要用一种淡然的心态来看待每次的考试成绩，不因为考好了沾沾自喜，不因为考差了难过不已，不要让情绪左右我们的理智，要从考试中不断总结经验和教训，要相信考试会让我们进步更快！

延伸阅读

关于考试能有效提升成绩的科学实验

在美国伊利诺伊州哥伦比亚市的一所中学里，有科研人员做过一项实验。他们安排学生对某一部分学过的知识点进行小测验，而对另一部分知识点不测验，只让学生自己复习3遍。在一个月后的大考中，考到小测验中涉及的知识点时，学生们的平均成绩是“A-”，而对于那些仅要求复习3遍没有进行测试的知识点，学生的平均成绩就只有“C+”。这说明，直接让学生做测试比单纯的复习更能有效刺激记忆力。

用“错题本”完成考试的闭环

发现知识网的漏洞后，应该如何把这张网补全呢？这里，我要教你一个重要的查漏补缺的工具：错题本。

我有一位老师，她对女儿的培养非常成功。这个女孩本科就读于北京大学，之后去了约翰·霍普金斯大学读医学博士，毕业后在美国做了医生。这个女孩小学没怎么学过英语，初中一入学，英语考了全班倒数第一，回到家急得直哭。我的老师只是对女儿说，没有关系，妈妈不在乎你得了第几名，妈妈对你只有一个要求，错过的题不要再错。女孩很听话，很用心，认真地整理错题，成绩提升特别快，在初二下学期英语成绩就已经是班里前几名了。

我也经常和我的学生说，高考是一场输家的游戏。世界上有两种游戏，一种是有限游戏，目的在于输赢，有特定的赢家，有明确的开始和结束。一种是无限游戏，没有终结，也没有输赢。高考是一个有规则的有限游戏，以分数论输赢，而高考后的人生是一场无限的游戏。如果只以高考的分数作为评价指标，和体育比赛类似，在经历了那么多高强度的训练后，高手对决，比的不是谁更聪明，而是谁的失误更少，错过的不再错很重要。

错题本就是一种最高效的让我们错过的题目不再错的重要工具。但是，我看过很多同学的错题本，里面的问题五花八门：有的同学花了很多时间去抄写原题，却没有分析错因；有的同学分析错因的时候，把自己的错误简单地归结为马虎，而没有认真分析马虎背后的原因；还有的同学写完错题本，却从来不去复习错题本，这样一来有没有错题本又有什么不一样呢？

那么，如何正确地整理错题呢？

（1）粘贴题目，不要抄题

不要把错题的题目抄下来。抄题会浪费大量的时间，这是一种对提升学习成绩完全没有用的伪动作，看起来很勤奋，实则并无收益。我们可以把错题打印下来，或者可以标记错题的来源，比如练习册第几页第几题，复习时进行查找也可以。

（2）分析错因，不要敷衍

整理错题时，最重要的一步是认真分析错误的原因，是知识疏漏，审题不仔细，做题的时候想当然，注意力不集中，还是不会举一反三，等等。千万不要敷衍自己，给自己贴一个马虎的标签就完事了。如果把自己的错误归因为马虎，下次应该怎么改正呢？下次再认真一点吗？“认真一点”如何操作呢？其实，马虎并非只是粗心大意，而是一个复杂的现象。马虎的本质是处理复杂信息的能力不足。面对一道复杂的题目时，我们需要处理的信息比较多，需要考虑的因素比较多，要一边读题，一边调用课本上的公式，一边还要计算，大脑的“内存”不够了，这样就容易手忙脚乱，把 2+3 算成等于 6。要想解决马虎的问题，需要我们平时多加练习。大脑内存其实就是工作记忆，只有不断地刻意练习，对知识形成肌肉记忆，才能处理复杂问题。所以，我们在分析错题的时候，一定要直指问题的核心，到底是概念不清楚，还是自己典型例题训练不够，还是题目需要链接的知识点太多，超出了我们的能力范围，找对了错因，才能对症下药，否则，错题本也只是摆设。

（3）对比答案，找出区别

在了解了自己出错的原因后，还要去看一看正确答案是什么。对于文科题目，我们要分析标准答案的答题要点，揣摩出题人的思路，看采分点是什么，我们的答案是否答在了采分点上。对于理科题目，我们要关心步骤是不是写全了，逻辑链是否完整，完整的步骤和顺畅的逻辑是正确解题的前提。

(4)建立类型题目的“做题小程序”

在分析完错因、理解了正确答案之后，最重要的就是找出“对策”，我把这个对策称为“做题小程序”。针对什么问题，就要想什么样的解决方案。

我们就拿审题不清楚这个问题来举个例子。审题不清其实就是信息识别和提取出了问题。清华大学学习科学实验室做过这样一个实验：选取年级排名前10的学生组成A组，年级排名后10名的学生组成B组，让他们做同一套难度系数较低的数学测试题，并且同时对这些学生进行脑电测试分析。实验发现，在做题过程中，A组同学的大脑听觉中枢活跃程度明显高于B组同学，且A组的正确率明显高于B组。明明读题和作答用到的都是视觉，为什么A组学生的听觉中枢活跃程度高呢？因为好学生在做题的时候，不仅用眼睛看，而且也在心里默读。默读就是解决方案。默读虽然没有发出声音，但是大脑依然可以接收到听觉信号。对A组的同学来说，同样的信息会通过两个通道进入他们的大脑，一路是视觉通道，一路是听觉通道。听觉接受到的信息会被拿来和视觉信息进行校对，当两者信息比对不一致的时候，大脑就会亮起红灯，对信息进行二次识别，形成了反馈闭环，这样在审题和做题过程中就不会错了。

这就是对于信息识别和提取建立的“做题小程序”。以后凡是读题，都要训练自己默读的能力。虽然一开始比较慢，但是，通过不断的训练，一定可以提高速度和答题正确率。其他类型的题目，我们也要去想解决方案，建立正确解题的对策。

（5）反复看错题本，要巩固复习

错题整理好之后，我们还要不断地反复看，最好每个周末都要看。我们大脑犯错的回路其实很相似，反复查看错题本的目的，就是人为地把这样的“错误回路”纠正过来，通过重复刺激，让神经元连接到正确的回路上去。

错题本也是需要不断更新的，它就像是一个蓄水池，部分的水被排出，也会有新的水不断注入。对于已经熟悉的、不会再错的题目，我们可以把它们剔除出去，不要让它们再占用你复习的时间。对于那些你还不太有信心的题型，我们可以定期做一些专题训练。错题本要越看越薄，要做到考试前能在 10 分钟之内把它翻完，提醒自己考试的时候不要在错过的题目上再犯错，这样才发挥了错题本的作用。

错 题 本

错题

XXXXXXXXXXXXXXXXXXXXXXXXXXXXXXXXXXXXXXXXXXXXXXXXXXXXXXXXXXXXXXXXX
XXXXXXXXXXXXXXXXXXXXXXXXXXXXXXXXXXXXXXXXXXXXXXXXXXXXXXXXXXXXXXXXX
XXXXXXXXXXXXXXXXXXXXXXXXXX。

错误原因

XXXXXXXXXXXXXXXXXXXXXXXXXXXXXXXXXXXXXXXXXXXXXXXXXXXXXXXXXXXXXXXXX

正确答案及区别

XXXXXXXXXXXXXXXXXXXXXXXXXXXXXXXXXXXXXXXXXXXXXXXXXXXXXXXXXXXXXXXXX

我的做题小程序

XXXXXXXXXXXXXXXXXXXXXXXXXXXXXXXXXXXXXXXXXXXXXXXXXXXXXXXXXXXXXXXXX

复习情况记录

第一次复习 □　　第二次复习 □　　第三次复习 □

错题本模板

错题本是个非常有用的工具，它能帮助我们在学习的道路上把遇到的妖怪一个个制伏，把知识的漏洞补全。每次考试结束后，我们不要停留在和别人比较成绩的层面上，而是要审视自己学习中的问题，利用错题本让自己完成学习的闭环。

这一章我们终于走到了费曼学习法的最后一个阶段：内化精简。费曼说："如果你不能用简单的语言给一个外行解释一个东西，你就是没有真正解释这个东西。"在这一章中，我将会教你如何利用二元对立论来精简一个概念，如何利用图形来进行视觉输出，如何学会用检索归纳的方法把一本书读薄。

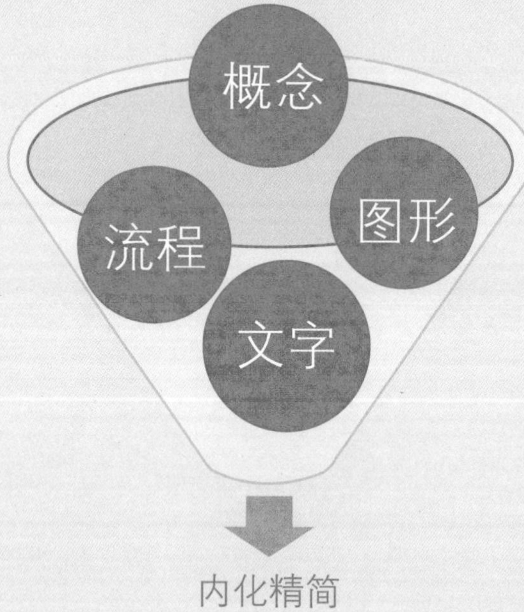

内化精简：把知识“长”在大脑里

二元对立法：让知识变成肌肉记忆

内化是学习的最终目标，那么什么是内化？把一篇课文背得一字不差，把一个公式背得滚瓜烂熟，把一个单词放到哪里都认识，这远远不能叫内化。内化是能让知识作为自己的底层程序自动运行，在不用主动调用的情况下变成一种无须识别的信息。

A 同学下围棋前背了很多招式，如果棋盘上出现了某个背过的局面，他就心中大喜，这不就是老师教过的“遇事不决点三三”的定式吗？他有意识地调用老师教过的东西，但这只是比较低水平的运用，这个招式对他来说还停留在表面。

B 同学也学了这些招式，不过，他会主动制造这个局面，通过不断布局，把局势引入对他有利的局面。这些招式对他来说，已经融入血液了。然而，A 同学和 B 同学的程度都不能叫内化。

C 同学同样学了这些招式，经过长时间反复应用，这些招式已经变成了他自己的一部分，棋盘上的某一棋局已经变成了一条条信息，而非需要主动调用的知识，他下每一步时，都知道自己面临哪些选择、如何做选择才是对自己最好的，这才是内化的最终形态。

真正的内化是要深入骨髓的。三位同学的内化程度不同，他们对知识的运用境界也各不相同。我们学习知识就是希望达到C同学的境界。

我们可能觉得英语的语法很难，但是，对于从国外回来的孩子，他们根本不懂什么语法，但是语法题也能做对十之八九。他们把英语变成自己的底层程序，达到了内化，在使用的时候也就能脱口而出，不需要考虑什么单复数、人称或者时态。

想要完成对一个概念的内化，最好用的方法是二元对立法。二元对立法是指当我们想快速了解任何一个领域的知识时，要找出这个领域内最极端的两个方向，或者找到二元对立的两个方面。

比如，当我们学习“细胞周期”的概念时，课本上的定义是：“连续分裂的细胞，从一次分裂完成开始到下一次分裂结束所经历的全过程。”在这个概念中，我们学习的重点经常会落在“从分裂完成到分裂完成”，但会忽略细胞周期成立的条件，那就是只针对“连续分裂的细胞”。那么，应用二元对立法学习这个概念的时候，我们就要问两个问题：“什么是连续分裂的细胞？”“什么不是连续分裂的细胞？”植物中的分生组织、动物中的干细胞就是连续分裂的细胞，而所有已经高度分化的细胞（肌肉细胞、神经细胞等）就不是连续分裂的细胞。通过这样的自问自答，可以帮助我们加深对细胞周期概念的理解。

又比如，当我们学习了排列组合的知识后，就要知道排列和组合的区别，它们分别能用在什么地方和不能用在什么地方。比如排列，它就是要从给定的元素中取出指定的元素并要求排序，所以凡是涉及排序问题的都要用排列的方法来做，而如果只要求选出来指定的元素则不能使用排列。

“是什么和不是什么”“支持什么和反对什么”“能用在什么地方和不能用在什么地方”，这些都是二元对立法的具体应用。**二元对立法其实就是选取事物的两个极端来进行考察，本质上是一种对比。**把二元对立法扩展开来，在平时学习的时候，我们要运用对比思维，注意比较那些容易混淆的概念名词、不同的写作手法、相似却不同的公式等。对比也可以异中求同，通过分类、筛选和分析，找到共同点，总结规律。比如二年级上册的《大禹治水》和下册的《羿射九日》都是古代神话故事，叙事方式都有起因、经过、结果，都遵循了“灾难发生—英雄出现—灾难平息”的叙事结构。我们像这样从多个角度去分析和理解，就能更好地把握文章的独特性。

学习的图形化工具箱

人类天生对文字不如对图像敏感。从进化的角度来讲，3 万多年前的智人就可以相互沟通了，但是书面交流的历史只有几千年，我们的大脑更擅长解读视觉化的信号。从生理学上来讲，大脑中 90% 的精力用于分析图像，然后产生相应的激素。千言万语不如一张图。

因此，要让别人明白你想表达的内容，要尽可能把抽象的内容图像化，这样可以加快信息的编码和解码速度，降低传送和接收之间的信噪比。那我们如何把内容视觉化呢？我在这里提供 10 个常用的图形工具，可以有效地帮助你实现内容逻辑的清晰呈现，分别是：利弊图、四象限图、坐标图、时间轴图、流程图、层次结构图、关系图、循环图、金字塔图、甘特图。

利弊图

利弊图是把事物的好处和坏处用两列清晰罗列出来，通过比较权衡，帮助我们做判断的良好工具。比如，我们要讨论是否在五年级的时候继续学钢琴，就可以列出利弊图，好处包括陶冶性情、培养坚持能力等，弊端是比较费时间、担心无法兼顾学科等，把自己的所有考虑都写上去，看利大于弊还是弊大于利。当然，有些时候，也需要我们给事件赋予权重，也就是对我们最在乎的事情和不那么重要的事情作出区分，根据自己内心的想法给予不同的系数，然后再综合做出判断。如何做决策是一件复杂的事情，利弊图只是一个最简单的工具。

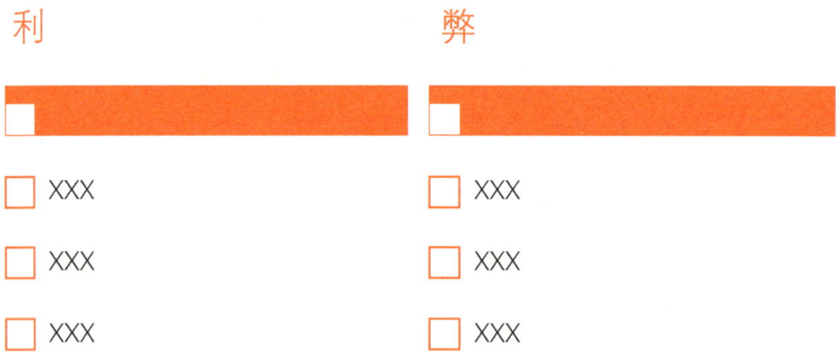

利弊图模板

四象限图

相信你对四象限图并不陌生，我们在第二章就提到了这个图像。四象限法的本质就是利用对立统一的方法，讨论两个性质组成的四种可能性。四象限图可以很清楚地表达两组数据的分布区域，用图表的形式直观地反映出我们想要表达的语言，增加数据的可视化程度。最常见的四象限图就是 SWOT（指 Strength、Weakness、Opportunity 和 Threat）分析图，通过对研究对象所处的情境进行全面、系统、准确的分析，制订相应的发展计划、战略等，是管理学中最常见的一种分析方法。

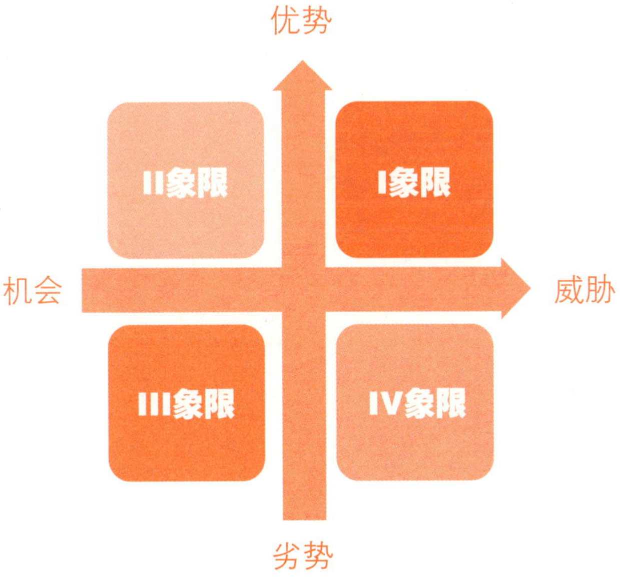

SWOT分析图模板

坐标图

我们在数学中经常遇到坐标系，它其实也是表达两个变量之间关系最直观的图像。横坐标代表自变量，纵坐标代表因变量，数据图形表示了因变量随着自变量变化的趋势。比如，我们在不同时间内测量种群中的个体数量，便会发现在资源、空间等有限的情况下，种群规模增长到一定程度就不再会增长，而是呈现动态平衡，这就是种群增长的S形曲线。

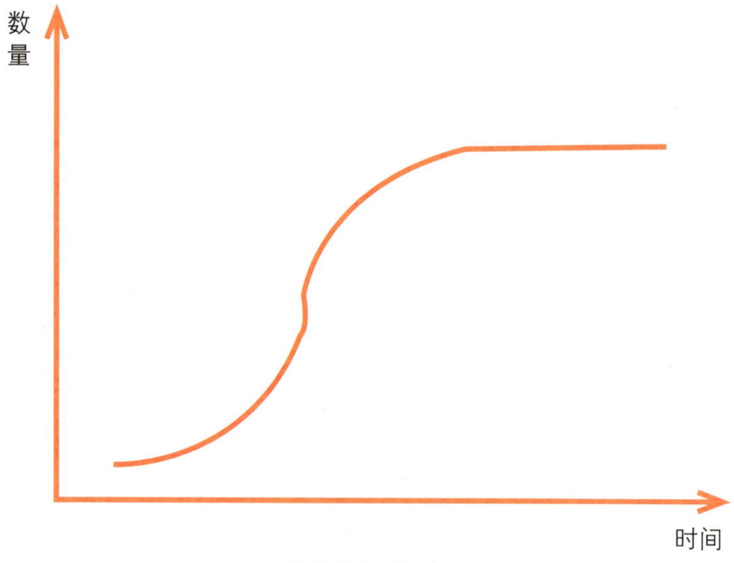

种群增长曲线

时间轴图

时间轴图在我们学习语文、历史等有关时间顺序的知识点时非常有用，它在时间轴上表明了关键的事件和时间节点，可以帮助我们厘清事件发展的先后顺序，以方便我们记忆。

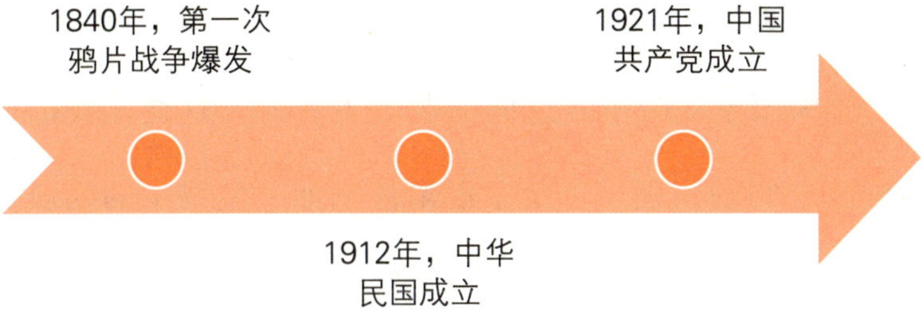

时间轴图

流程图

流程图是表示一个系统的信息流、观点流等的图形，它能直观地描述一个工作过程的具体步骤，注重事件发展的先后顺序和逻辑关系，比如数据流程图、系统流程图和程序流程图等。我们在学习一些知识点的时候，各个知识点之间的关系比较复杂，例如细胞免疫的流程，这个时候最好能把它们之间的关系整理成一张流程图，这比文字读起来更直截了当，能使我们学习起来一目了然，不会产生歧义，便于理解。

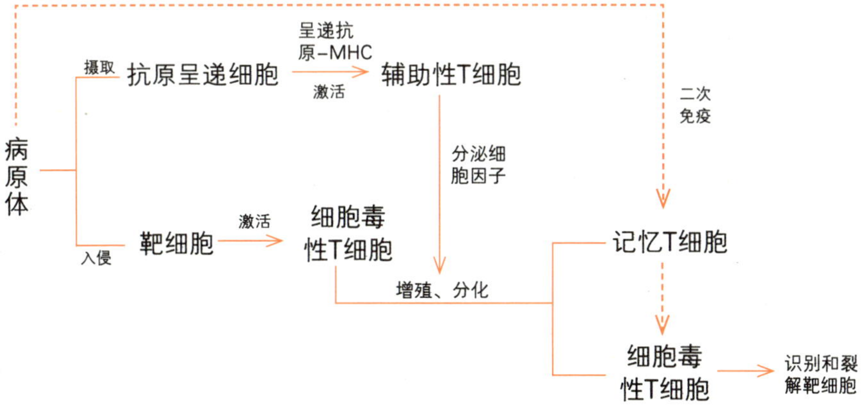

细胞免疫的流程图

层次结构图

层次结构图是反映事物之间的逻辑关系的，这便于我们分清楚概念和概念之间的区别，不至于混淆。例如，生物中的物质跨膜运输的概念涉及了自由扩散、协助扩散、被动运输、主动运输等名词，平时做题过程中很容易混淆。当我们通过层次结构图整理出这些概念之间的关系后，就能很容易地区分这些词语之间的不同，做题也不会出错。

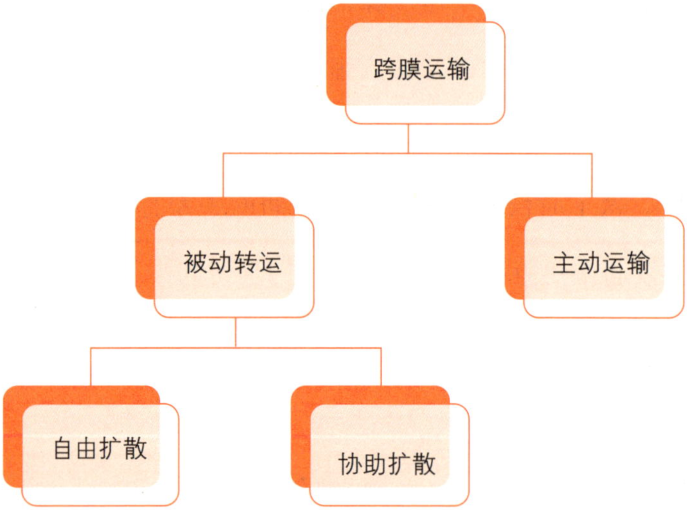

跨膜运输的层次结构图

关系图

从数学角度讲，关系包括相等关系、包含关系、并列关系、交叉关系几种。上述的层次结构图多为包含关系，整理的是大概念和小概念之间的关系，然而，事物之间的其他关系需要更多的关系图来表示。当我们理解竞争排斥原理的概念时，交叉关系图就可以很好地帮到我们。由于两个种群在食物或空间的要求上有重叠（图中的交叉关系），那么它们为了争夺有限的食物、空间或其他环境资源，大多不能长期共存，结果就是一个物种会取代另一个物种。

关系图

循环图

通过坐标图，我们希望探索的是事物的因果关系，但是，我们会发现，很多事物可能彼此互为因果，形成循环。比如，在生物学上，许多生理或生态过程的因果关系是循环性的，也就是说，一定的事件作为引起变化的原因，所导致的结果又会成为新的条件施加于原来作为原因的事件，使之产生新的结果，如此循环往复。比如，草原上草多了，羊就多了，但是羊多了，草就少了，这就形成了一个简单的循环关系。这种循环关系在本质上体现出的是一种反馈调节（包括正反馈和负反馈）。

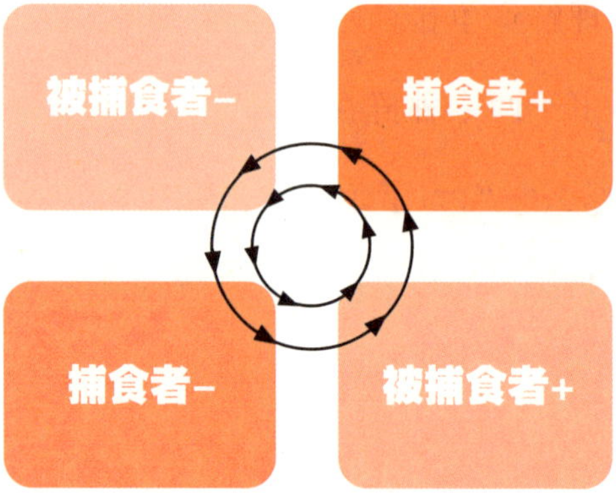

捕食关系种群循环图

金字塔图

金字塔图来源于麦肯锡的“金字塔原理”。这个原理最早是由知名的咨询管理公司麦肯锡公司的咨询师芭芭拉·明托提出的，现在已经成为整个咨询行业的标准。通过金字塔图我们可以非常清晰地组织我们的语言，让别人以最短的时间、最快的速度了解我们想要传递的内容。这个图最上面是中心论点，是指我们表达观点的时候要“结论先行”，优先说我们的结论。中心论点可以拆成 2-3 个分论点来表述，每层结论的论据不要超过 7 个。每一个论点都要言之有物，能够明确表达自己的思想。例如，不要说“我在学习中遇到的两个问题”，而要表述为“我学习的时候遇到了没法举一反三和考试时总是紧张的问题”。

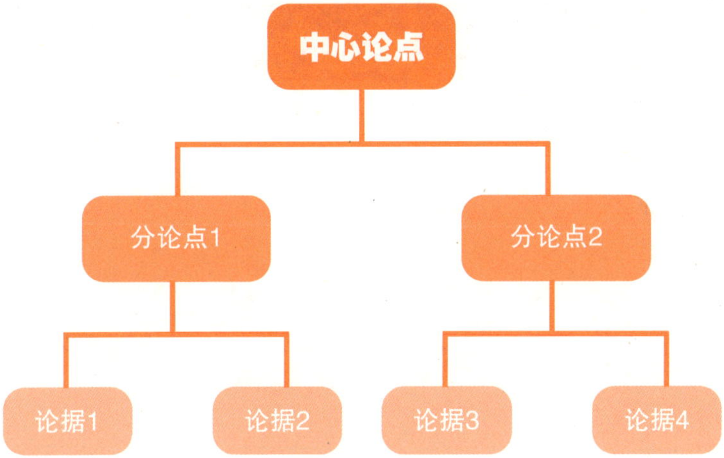

金字塔图

甘特图

甘特图就是把任务放入时间表中，能够清楚地展示事情的先后顺序和时间节点，对于我们做时间管理和任务管理非常有用。图中的横轴表示时间，纵轴表示项目，线条表示计划的时间和实际完成情况。通过甘特图，我们可以直观地看到当前项目应该进行到什么程度，这样就能把实际进展与项目要求做对比，有助于我们弄清项目的剩余任务，评估工作和学习的进度。

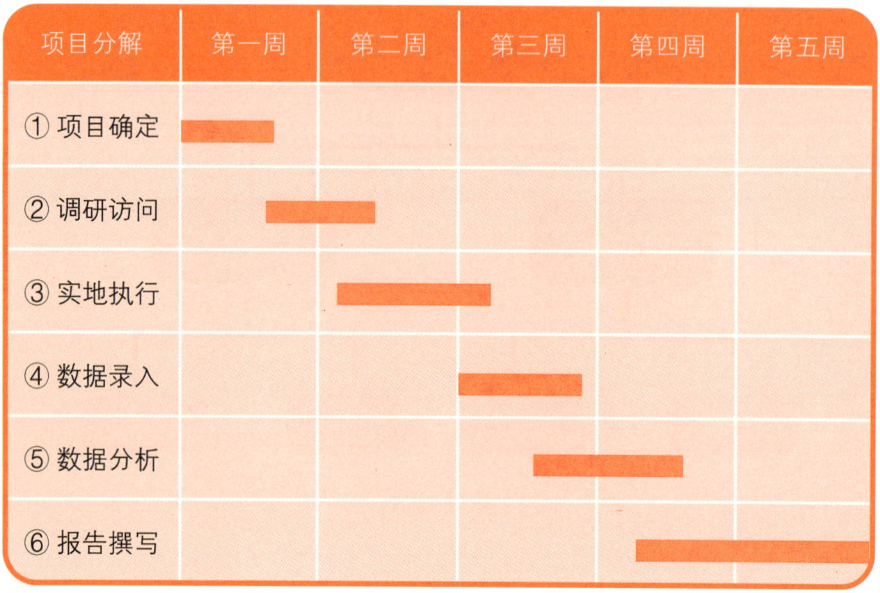

甘特图

人们所掌握的知识和技能大多具有某种结构，这些结构就是模型，通过模型的切换，我们能够看懂复杂问题背后的本质。真正的学习高手，不仅具备把文字等信息转化为图形的建模能力，而且更善于掌握和利用这些模型解决问题。我们一定要把这些工具利用起来！

检索归纳：把书读薄的方法

把书读薄是我们读书所追求的境界。把书读薄就是能浓缩一本书的精华，能够统观全局、提纲挈领，把书中的内容提炼形成一两句话的表述。通过检索和归纳，我们可以做到把书读薄，下面分别介绍以下两种方法。

（1）检索

检索就是在读书的过程中寻找结论，发现过程，注重证据。我们不要只是被动地接受信息，而要主动地思考。比如，读完一段内容后，停下来想一想刚才读了什么，是关于什么内容的。先自己和自己说一遍，检查自己是不是能回忆起来，知识之间内在逻辑是不是都打通了。我们不能只关注结论，也要看结论形成的过程。对于一个数学公式，不要死记硬背，而要学会推导。对于一个故事，不要只关心“兔子赢了还是乌龟赢了”，而要理解作者是如何从逻辑和感情上去推动情节，从而产生一个情理之中而又意料之外的结果的。

检索的读书方法可能让你最开始运用的时候感觉很不舒服，因为如果停下来回想自己在读什么，并用这些内容考查自己，就会花很多时间。而且，学习进度慢下来也会让你感觉很紧张，可能会有一种挫败感，怀疑自己是不是在浪费时间。不过你要坚定自己的信念，这恰恰才是最高效的学习方法，这才是让学习能落到实处的方法，这才是真正的学习。

（2）归纳

归纳就是把已经学过的内容咀嚼、消化、组织整理，提炼出书中核心观点的过程。目录本身可以为我们的阅读提供框架，帮助我们把零散的知识点整理成系统的知识网络。通过整理，我们才能把知识的逻辑和脉络理清楚，内化形成自己的东西。

我们在读完一本书后，可以先对照目录，回忆全书的大体内容，遇到想不起来的地方，就先做个标记，然后继续直到全部回忆一遍为止。这个时候，你会发现自己编织的知识网漏洞百出，这是正常的，接下来你要做的事情就是把网的漏洞补上，把网编织得再密一些。通过灵活运用检索的方法查漏补缺，我们最后要达到一种对着目录可以复述出书的全部内容的程度。

把书读薄的结果是这本书的内容可以总结在一张 A4 纸的篇幅里。读到这样的程度，你可能已经很满意了，但是，我觉得这还不够，我们还可以跳出这本书本身，把这本书还原到更大的框架中去理解。

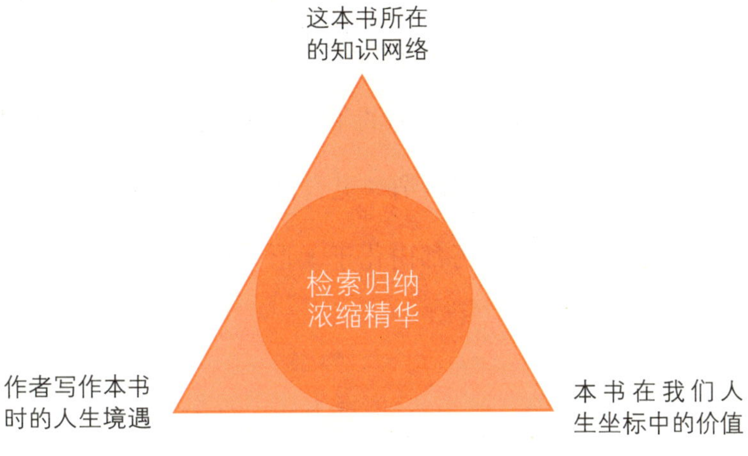

我们可以把一本书还原到它所在的知识网络里，了解这本书对当时的整个学科带来了什么影响，掀起了什么样的社会思潮，后人如何评价它的。我们还可以去体会作者写作时的处境，是什么原因促使他写这本书，他有没有其他的作品，他的写作风格是什么，是否一直延续，这本书对作者本人产生的影响是什么。除此之外，我们还要把这本书还原到我们自己的人生坐标中，它对于我们有什么启发，对我又有什么样的意义。

这样读书，使得我们不仅能够知道这本书在讲什么，还能理清本书内容和自身既有的知识之间的联系，明确这本书在整座知识大厦中的位置，最终构架起自己的知识体系。打个比方，我们原来的读书方式，像是在一个房子里，把这个房子的客厅、卧室、厨房都了解得清清楚楚。而当我们跳出这本书来理解时，就像站在房子外面，从山上，从河边，不断变换视角去看这个房子。

当你将所看到、经历、获取的诸多知识、信息和体验都置入这样一个框架当中，形成你自己的东西，最后达到一种“书读没了”的境界。书中的所有内容都是你的了，你可以运用自如，你甚至都不知道它是从哪儿来的，即所谓“见自己，见天地，见众生”。

大道至简，将所有技巧都内化于无形，便是我们读书追求的最高境界。

后记

给家长的话：扮演好孩子的听众

我们常常说，父母是孩子最好的老师。我希望家长能参与到孩子的学习中，在费曼学习法的框架下，扮演好孩子的听众，给予即时反馈，帮助孩子学会学习，这也是家庭教育的题中应有之义。

如果你的孩子处于 6 岁之前，还不太能读有字书，我认为这本书适合家长先读。本书中提到了很多脑科学的原理，能让家长理解怎么高效学习，同时还能明白为什么要这么做，这样可以更好地指导孩子将来的学习。

如果你的孩子处于 6~9 岁，家长可以选择和孩子共读。对于 6~9 岁也就是一到三年级的孩子，养成良好的学习习惯至关重要。如果孩子目前无法完成“复习—作业—预习”的学习任务，那么家长就可以按照第二章中提到的方法，分步骤教给孩子如何做计划安排，训练孩子自主学习的能力。除此之外，本书中提到的其他方法也可以在日常和孩子的交流中进行渗透，让孩子在每天的学习中运用起来，逐渐地，你会发现，孩子高效学习的习惯就会深入骨髓了。

如果你的孩子处于 9 岁之后，家长可以让孩子自己读完本书，再让孩子运用费曼学习法讲给家长听。这个时候，家长一定要配合好，“懂装不懂”是很重要的。输出的场景不必非常正式，可以是接送孩子上下学的路上，可以是出去吃饭的时候，可以是晚上一起散步的时候……有一次，我在麦当劳吃饭，旁边坐着一对父子。儿子跟爸爸说他今天在学校读了一本书，讲到了人工智能的神经网络算法，孩子说觉得很有意思，没想到人工智能和神经还能联系在一起。孩子还没说完，爸爸就开始滔滔不绝，告诉孩子人工智能的思想最开始是图灵提出来的，图灵测试讲到神经网络算法。很显然，这位父亲是位专家，可是孩子闭口不说话了。我心里惋惜，多么难得的让孩子输出的机会啊，可惜了。

下面是给家长在和孩子运用费曼学习法一起学习时的一些建议：

（1）做一个好的倾听者。孩子在讲述的过程中，不要打断孩子。如果家长有问题，先记下来，也许孩子后面会讲到这个问题，只不过逻辑关系没有整理清楚。我们要先把孩子的整体表达听完，在讲述中间打断他很容易让他的思维无法连贯。听讲的时候，一定要用心，把手机放一边，不要认为那么简单的东西不值得听，更不要一边看手机一边听孩子讲。这不仅是一种礼貌，表示对孩子的尊重，也是家长言传身教的一种方式。如果你听讲的时候没法专心，凭什么要求孩子上课不能开小差？严格要求孩子的前提是自律。孩子其实是非常敏感的，家长的一言一行都会刻入其脑中。

（2）认认真真记笔记。在听孩子讲述的过程中，我们一定要拿着纸笔，像真实课堂上一样记笔记。一边听讲，一边在笔记本上整理他的论述逻辑，把孩子讲述过程中错误的点、遗漏的点、逻辑关系不清楚的点记下来，等一下通过提问的方式反馈给孩子。记笔记的过程表明你在思考，让孩子从家长的行为中理解“听课不仅仅是被动的听，而是主动思考的过程”。孩子也会有样学样，他们会参考父母做笔记的方式，明白记笔记不是听写训练，而是整理自己上课思维流程的一种方式，也逐渐学会记笔记了。

（3）通过提问给出及时反馈。我们要通过一个个“为什么”去引导孩子思考，把刚才笔记中记录的有问题的点问出来，孩子自己会意识到他的知识漏洞在哪里，就会主动再去查阅教材和课堂笔记，这样主动的学习就自然而然地发生了。反馈时最忌讳的就是批评和指责孩子。一个被批评和指责的大脑是不会思考的，家长越批评他，孩子大脑越不会转动，一定要平和地与孩子谈论问题。孩子讲解完后，如果我们有需要延伸和拓展的内容，可以给孩子多讲一点，或者找相关的纪录片和书籍来看。反馈中最重要的就是，用提问保持孩子学习的好奇心和兴趣，让孩子自己能主动去查漏补缺。

有家长说，我没有时间听孩子讲怎么办？那么，我真诚地建议您看一下本书的第二章，学习如何做时间管理和任务规划，我相信，只要您愿意做这件事，就一定会有时间。我有一个朋友，是一家大公司的CEO。他日常工作非常忙，但是仍旧坚持自己送孩子上下学。我问他，明明有司机，为什么不让司机接送呢？他非常真诚地对我说，孩子长大了，特别是到青春期后，不太愿意主动和父母交流了。所以，他要创造一些和孩子在一起的场景，孩子就会经常和他说说在学校学的东西，这样他也能侧面了解孩子的学习情况。

有家长也有质疑，费曼学习法要求父母陪着学，这不是与自主学习矛盾吗？我的回答是：不仅不矛盾，而且还是促进亲子关系的一种有效方式。费曼学习法并不是要求父母陪着学，而是要求孩子自己学习以后，把所学教授给他人，父母只是充当学生，不需要像老师一样辅导功课，输入和输出都是靠孩子自己完成的。同时，在此过程中，父母充当了学生的角色，使得原本的“权威”调换了位置，让孩子有了自主权和掌控权，反而更有利于孩子的自主学习，亲子关系也能更加融洽。

还有家长问我，在小学阶段，孩子讲的内容家长还都能听明白，也能提出一些反馈意见，但是到了中学特别是高中，很多知识家长也不会了，还怎么给反馈？这是个好问题。

首先，家长参与孩子学习的机会应该是随着年龄增长而减少的，也就是说，孩子如果在小学低年级就能够养成良好的学习习惯，那么在小高和初高中阶段其实是不太需要家长的。他们明白不懂就问，知道整理思维导图和错题本等，因此，他们需要的大部分反馈在学校就完成了。

其次，如果家长在初高中参与孩子学习的话，老师是可以和家长配合操作的。对于一些重要的概念和过程，家长负责给孩子录音后发给老师，老师会把相应的反馈发到家长手机上或者跟孩子当面交流，让老师给出反馈。甚至，我们可以让人工智能做我们的助手。专业的事情可以交给专业的人来做，家长不用过度参与。

再次，成年人是具有一套成熟的思考问题的方式的，即便知识本身不会，但是顺着逻辑去询问孩子，也能学个八九不离十，这样不仅给孩子做了一个“好学”的表率，而且也更能锻炼孩子的逻辑思维能力。但这个对家长的要求有点高，大家因人而异进行处理即可。

上面是我在教学过程中遇到的一些问题，不知道对你有没有帮助，也可以告诉我你的困惑，让我们一起帮助孩子利用费曼学习法高效学习！

后测题

亲爱的读者，请你完成本书这套后测题，把你现在的答案和前测的答案进行对比，来看看你的学习方法有没有改善，学习习惯有没有改变，学习成绩是否实现稳步提升。

（1）运用费曼学习法概括什么是“费曼学习法”，并且讲给你的父母或者朋友听。

____

（2）请按照“目标—任务—日程—时间”的顺序，重新整理自己的时间规划表。你之前遇到的问题解决了吗？

____

（3）请尝试使用康奈尔笔记法记笔记一周，你觉得有帮助吗？

____

（4）放学回家后是否形成了“复习—作业—预习”的循环模式？

____

（5）尝试使用记忆宫殿法背一段话，看是否能比之前记得更快。

— — — — — — — — — — — — — — —

（6）复习的时候是否养成了画思维导图和整理错题的习惯？

— — — — — — — — — — — — — — —

（7）用二元对立法掌握一个概念的精髓是什么？

— — — — — — — — — — — — — — —

（8）如果表达一个抽象的概念比较困难，我们可以采用什么方式更形象地表示出来？

— — — — — — — — — — — — — — —

（9）举一个你成功地解决难题的例子，从定义问题开始讲一讲，你是如何解决这个问题的。

— — — — — — — — — — — — — — —

（10）我们在学习中如何进行刻意练习？举几个你在学习中运用刻意练习的例子。

— — — — — — — — — — — — — — —

图书在版编目（CIP）数据

给孩子的费曼学习法 / 和渊著. —南京：江苏凤凰科学技术出版社，2023.9（2025.5 重印）
ISBN 978-7-5713-3639-4

Ⅰ. ①给… Ⅱ. ①和… Ⅲ. ①学习方法 Ⅳ. ①G442

中国国家版本馆CIP数据核字（2023）第116264号

给孩子的费曼学习法

著　　者　和　渊
责任编辑　沙玲玲
责任设计　孙达铭
助理编辑　赵莹莹
责任校对　仲　敏
责任监制　刘文洋

出版发行　江苏凤凰科学技术出版社
出版社地址　南京市湖南路1号A楼，邮编：210009
出版社网址　http://www.pspress.cn
印　　刷　江苏凤凰光彩印务有限公司

开　　本　718 mm × 1 000 mm　1/16
印　　张　12.25
字　　数　110 000
版　　次　2023年9月第1版
印　　次　2025年5月第13次印刷

标准书号　ISBN 978-7-5713-3639-4
定　　价　46.00元
